KB270887

최원교 사부와 함께하는
태권 스피드 한자
8~6급

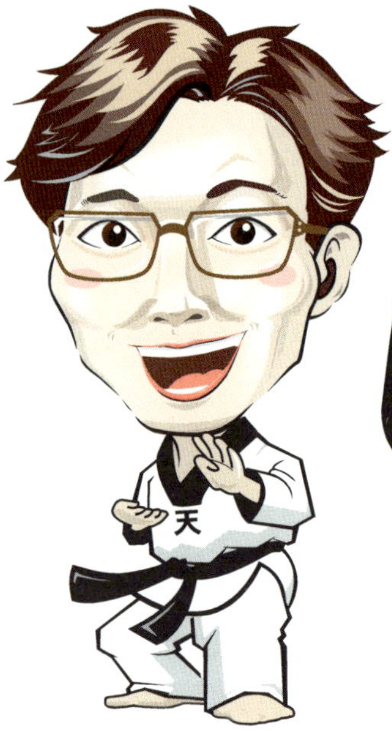

최원교 사부와 함께하는 태권 스피드 한자

8~6급

최 원 교 지음

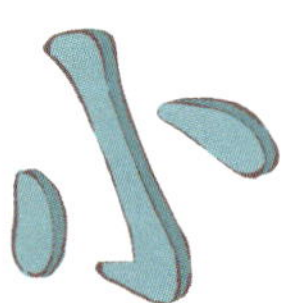

이담 Books

교재를 읽기 전에

한자를 처음 접하게 되는 어린이들은 한글과 달리 한자의 생김새가 제멋대로 이루어진 것처럼 엇비슷하여 어려움을 느끼는 경우가 많습니다. 하지만 한자는 사물의 모양을 본뜬 것이 많기 때문에 한자의 생성 원리만 정확하게 이해한다면 어려움 없이 한자의 세계에 친숙하게 빠져들게 될 것입니다.

한자를 무조건 외우는 암기방식을 바꿔보고자 필자는 대한민국 국가브랜드로 지정된 우리나라 문화유산인 태권도와 한자 학습을 조합해 보았습니다. 태권도 동작 및 여러 상황들을 한자의 부수와 자연스레 연결시킴으로써 급수에 맞는 관련 한자들을 단시간에 효율적으로 학습할 수 있는 방법을 고안해 냈습니다. 또한 그림을 통한 "이미지 기억법"을 통해 한자 급수자격증 취득에 필요한 모든 내용을 쉽게 학습할 수 있도록 구성했습니다. 뿐만 아니라 한자에 자신이 없는 부모님도 태권도를 접해본 아이들에게 효율적으로 한자를 가르칠 수 있는 교육게임으로서의 학습피드백을 제시하였습니다.

한자는 무조건 외워야 한다는 편견을 깨고 이 책에서 제시한 한자의 원리를 이해하고 꾸준히 학습한다면 반드시 좋은 성과를 얻을 수 있을 거라고 필자는 확신합니다.

아울러 어려운 작업에도 불구하고 끝까지 최선을 다해주신 한국학술정보(주) 직원 여러분께 깊은 감사를 드립니다. 끝으로 이 책을 통해 여러분의 한자 실력을 향상시키고 한자에 대한 흥미와 즐거움을 만끽할 수 있는 기회가 되기를 기원하겠습니다.

절대로 포기하지 마십시오.

드림태권도장 사무실에서
최 원 교

한자는 어떻게 만들어졌나요?

한자가 만들어진 원리는 6가지로 볼 수 있고, 이 6가지 방법을 육서법(六書法)이라고 합니다. 육서법에는 눈으로 볼 수 있는 사물의 모양을 글자로 만든 상형문자(象形文字), 추상적인 내용을 글로 표현한 지사문자(指事文字)가 있고, 그 외에 형성문자(形聲文字), 회의문자(會意文字), 가차문자(假借文字), 전주문자(轉注文字)로 구분합니다. 이 책에서 다루게 될 태권도를 이용한 부수글자도 이 여섯 가지 방법으로 만들어진 것입니다. 부수글자를 배우기 전에 한자가 만들어지는 여섯 가지 방법을 하나씩 살펴봅시다.

상형문자(象形文字) 사물의 모양이나 형태를 형상화하여 만든 글자

水 (물 수) 山 (뫼 산) 木 (나무 목)

지사문자(指事文字) 추상적인 내용이나 위치 등을 점이나 선을 이용하여 만든 글자

 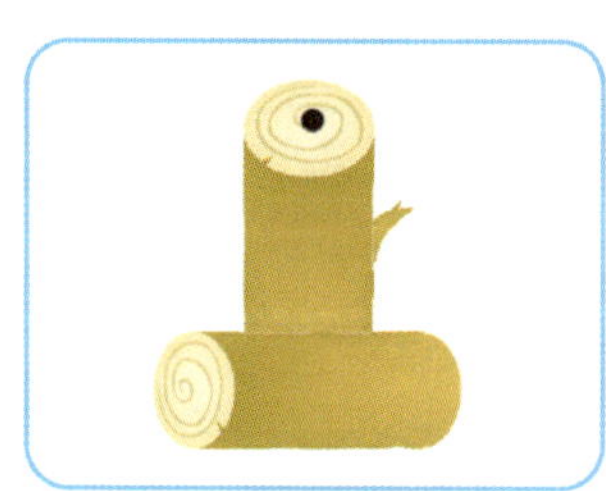 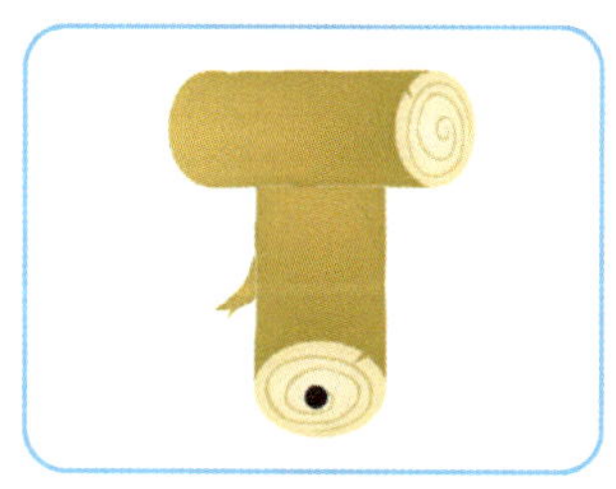

一 (한 일) 上 (윗 상) 下 (아래 하)

형성문자(形聲文字) 뜻글자와 소리글자를 결합하여 만든 글자

 +  = 

穴 (구멍 혈) 工 (도구 공) 빌 공

▶ 위의 글자에서 穴은 구멍의 뜻을 나타내는 부분이며 工은 글자들의 소리를 나타내는 역할을 합니다.

 두 문자의 뜻이 합쳐져 새로운 뜻을 나타낸 글자

 이미 있는 글자의 본래 의미에서 다른 음이나 뜻으로 바뀐 글자

北(저버릴 **배**, 북녘 **북**)

北 역시 원래의 뜻은 '등지다, 저버리다' 라는 뜻을 가졌으나, 북쪽이라는 의미로 많이 사용되고 있다.

 글자의 뜻보다 소리를 나타내기 위하여 사용한 글자

가구가락(可口可樂) : 중국에서 부르는 코카콜라
미국(美國), 영국(英國)

뇌 영상 이미지 기억법

태권도 동작그림을 관련한자(8급, 7급, 6급) 총 300자와 연결시켜 머릿속에서 이미지를 생각하며 운동수행능력 및 기억력 향상과 우뇌 활성화를 향상시켜 주는 데 목적이 있으며, 태권도장에서 운동 활용도를 높이고 가정에서 아이들이 스스로 학습할 수 있다는 데 특징과 의의가 있습니다.

태권스피드한자는 태권도를 수련 중인 유치원생 및 초등학생 어린이들이 필수적으로 학습해야 할 기초한자의 내용들을 이미지화, 즉 '뇌 영상 이미지 기억법'을 이용한 학습법입니다. 운동도 하고 한자 공부도 자연스럽게 할 수 있는 이 학습법으로 어린이들이 쉽고 재미있게 한자를 배워 나갈 수 있을 것입니다.

'국기에 대한 예의'를 예로 들면 다음과 같습니다.

'門 문 문' 問 聞 開 間

물을 문   들을 문   열 개   사이 간

'門'은 문 문 자로서 양쪽의 '문'을 뜻하는 글자이다.

도장 안으로 들어서기 전에 문 앞에서 국기에 대한 예의를 실시하는 것은 태권도인으로서의 기본적인 예의라 할 수 있다.

부수(部首)글자의 자세한 설명

한자(漢字)를 하나하나 자소분해하여 글자를 빨리 이해할 수 있도록 구성했으며, 자소분해의 원리는 필자의 독자적인 방식으로 풀이했습니다.

問

물을 문

획수 11획 / 부수 口 / 급수 7급

門+口=문(門)에 입(口)을 대고 물으니

필순 

質問 (질문)

의문이나 이유를 캐물음.

태권스피드한자의 효과

① "뇌 영상 이미지 기억법" 활용을 통해 우뇌 활성화를 극대화시킵니다.
② 한자급수자격증(8급, 7급, 6급) 취득에 필요한 모든 내용을 학습할 수 있습니다.
③ 집중하여 소리 내어 읽기로 집중력을 강화시키고 뇌세포를 활성화시켜 줍니다.
④ 각 장마다 레벨 띠를 제시하여 강한 동기 부여 및 반복학습 욕구를 일으켜 줍니다.
⑤ 제한시간을 활용하여 주의집중력을 향상시켜 줍니다.

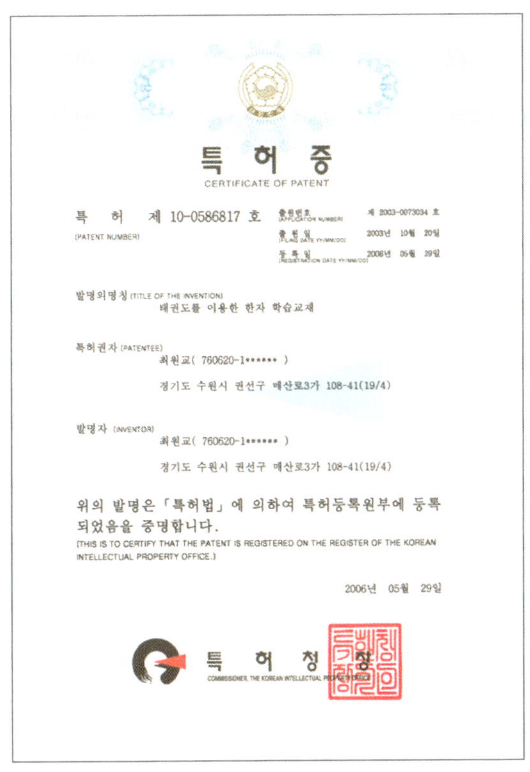

발명특허 획득

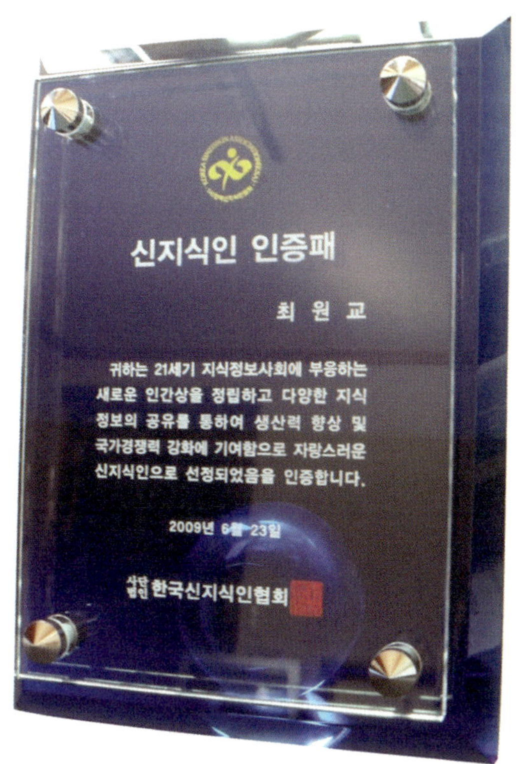

제13회 신지식인 선정
(교육분야)

태권한자 연구

태권한자 운동프로그램이 뇌파(우뇌) 활성화, 주의집중력, 한자 학습능력 및 체력에 미치는 영향

본 연구는 경기도 수원 K유치원의 태권도를 배우지 않은 7세 어린이 14명(남자)을 대상으로 실시하였습니다. 의학적 질환이 없고 운동을 수행하는 데 문제가 없는 어린아이들을 선별하였습니다. 실험에 들어가기 전, 피험자들과 피험자 부모들에게 연구의 목적과 내용을 자세하게 설명하고, 실험 참여 동의를 받은 후 참여하게 하였습니다.

피험자들의 신체적 특성

Group	Age(yr)	Height(cm)	Weight(kg)	BMI
A(7명)	7.00±.00	116.77±5.03	22.62±5.48	16.68±3.60
B(7명)	7.00±.00	116.85±5.78	22.00±4.02	18.58±5.03

A : 태권도 그룹 / B : 태권한자 적용 그룹

태권한자를 이용한 뇌파상태변화 실험

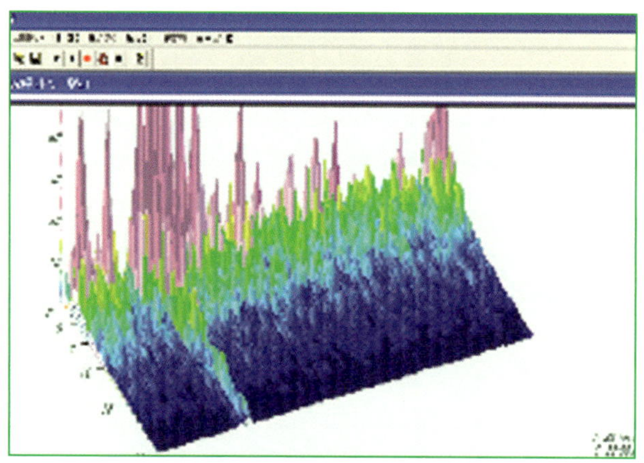

태권한자를 시작하기 전의 뇌상태

자료처리

본 실험의 결과는 SPSS 12.0 통계 패키지(package)를 이용하여 각 항목별 평균 (M)과 표준편차(SD)를 산출하였고, 각 그룹별 측정시기에 따른 유의차를 알아보기 위해 tow-way ANOVA repeated measurement를 이용하였으며, 통계적 유의수준은 $\alpha = .05$였습니다.

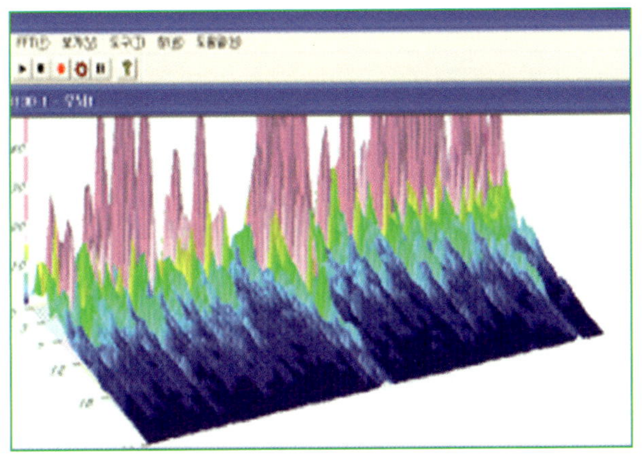

태권한자를 시작하고 있을 때의 뇌상태

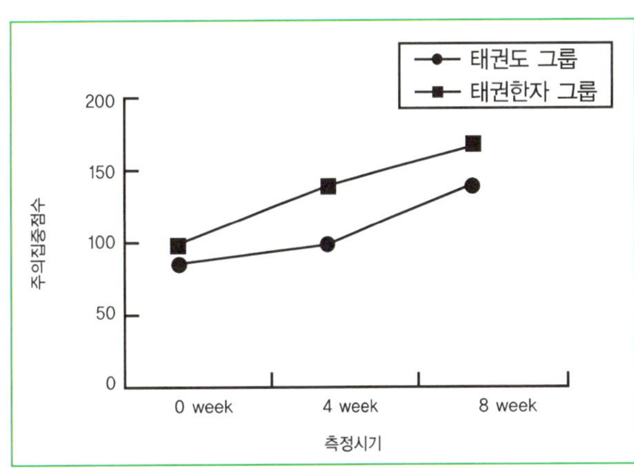

주의집중력의 변화

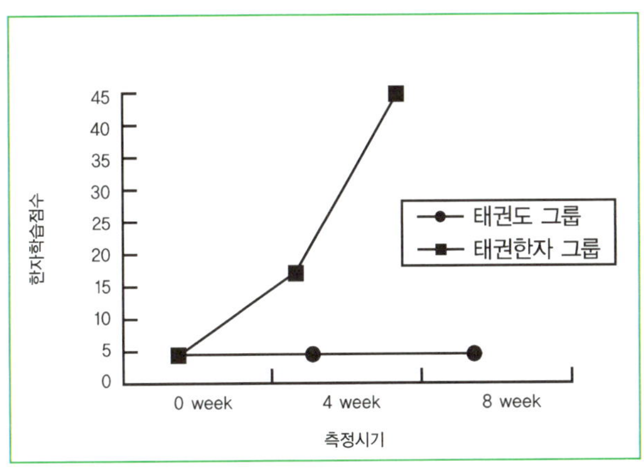

한자능력의 변화

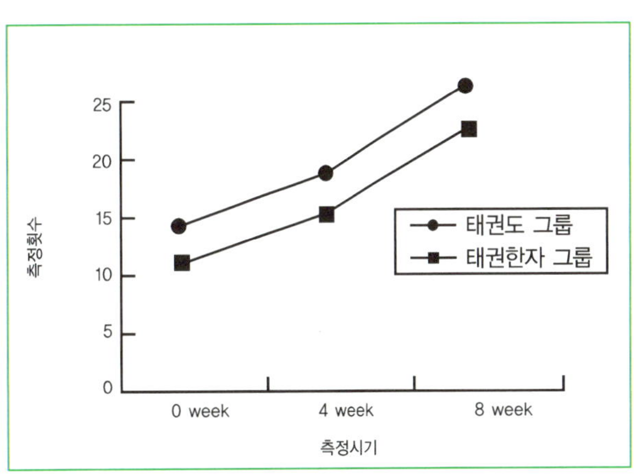

윗몸일으키기의 변화

차례(Contents)

小 작은 사람

'小 작을 소' 少 省

적을 **소**　살필 **성**

'小는 작을 **소**'로서 땅속에서 풀싹이 겨우 돋아난 작고 어린 모양을 뜻한다.

태권도에서 작은 사람과 큰 사람이 겨루기를 하면 큰 사람이 유리하지만 '작은 고추가 맵다'는 우리의 속담처럼 얕봐서는 안 된다.

자소분해

少 적을 **소**

획수 4획 / 부수 小 / 급수 7급
小+ノ=작은(小) 것이 삐쳐(ノ)져 더 적어지니

필순 ⺌ 小 小 少

小女 (소녀)
어린 여자 아이.

省 살필 **성**

획수 9획 / 부수 目 / 급수 6급
少+目=작은(少) 것을 눈(目)으로 살피니

필순 小 小 少 少 省 省 省 省 省

反省 (반성)
잘못이나 허물이 없었는지 돌이켜 생각하는 것.

小

'八 여덟 **팔**' 公 分
공평할 **공**　나눌 **분**

'八은 여덟 **팔**'로서 손가락을 네 개씩 편 모양을 뜻한다.

태권도에서의 턴차기 격파는 물체를 여러 방향으로 퍼져 나가게 만든다.

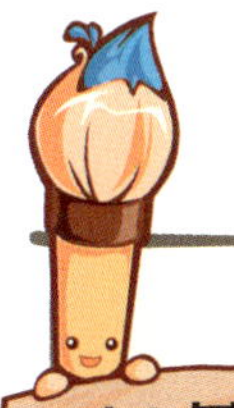

자소분해

公
공평할 **공**

획수 4획 / **부수 八** / **급수 6급**
八+厶=여덟(八)조각으로 내(厶)가 정확히 나눠 공평해지니

필순 ／ 八公公

公 正 (공정)

공평하고 올바름.

分
나눌 **분**

획수 4획 / **부수 刀** / **급수 6급**
八+刀=여덟(八)조각으로 칼(刀)로 나누니

필순 ／ 八分分

分 類 (분류)

종류를 따라서 나눔.

八

'用 쓸 용'   用 角
쓸 용   뿔 각

'用'은 쓸 용'자로서 거북의 등 껍데기를 본뜬 글자이다. 또한 물건이나 사람을 부린다는 뜻으로도 쓰인다.

미트는 태권도 발차기 연습에 주로 많이 사용된다.

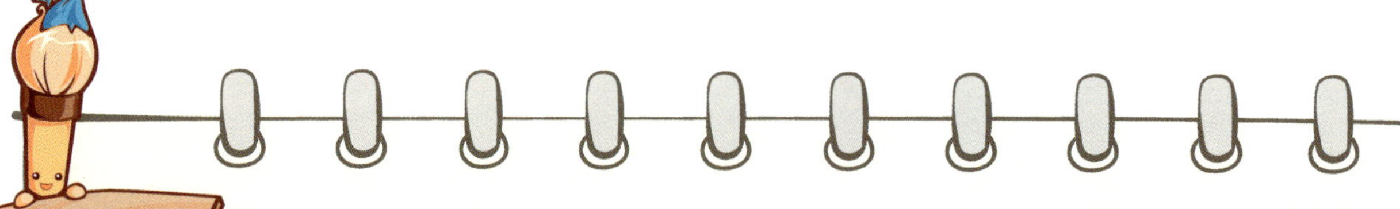

자소분해

用
쓸 용

획수 5획 / 부수 用 / 급수 6급
제부수로서 '用'은 거북의 등 껍데기를 본뜬 글자임.

필순 丿刀月月用

用務 (용무)
볼 일.

角
뿔 각

획수 7획 / 부수 角 / 급수 6급
제부수로서 '角'은 속이 비어 있는 뿔 모양을 본뜬 글자임.

필순 ⺈⺈ʼ角角角

頭角 (두각)
뛰어난 학식이나 재능, 기예

用

'雨 비 우' 電 雪
번개 전　　눈 설

'雨'는 비 우 자로서 하늘 밑 구름에서 물방울이 떨어지는 모양을 뜻한다.

주로 비와 관련이 있으며 비가 많이 내려도 태권도 정신으로 인내를 생각하며 결석하지 않고 태권도장에 간다.

자소분해

電
번개 전

획수 13획 / 부수 雨 / 급수 7급
雨+申=비(雨)가 내릴 때 빛처럼 퍼(申)지는 것은 번개이니

필순 一一一一一一一一一一一一電

電話 (전화)
전화기를 이용하여 말을 주고 받음.

雪
눈 설

획수 11획 / 부수 雨 / 급수 6급
雪+⺕=비(雨)와 같이 하늘에서 떨어지는 것을 손(⺕)으로 받을 수 있는 것이 눈이니

필순 一一一一一一一一一一雪

暴雪 (폭설)
갑자기 많이 내리는 눈.

雨

女 격파모습

'女 계집 녀' 姓 始

성씨 성　처음 시

'女는 계집 녀'로서 두 손을 얌전히 모으고 앉아 있는 여자의 모양을 본뜬 것이다.

태권도장에서는 여자 수련생들도 어려운 격파를 할 수 있다.

자소분해

姓 성씨 성

획수 8획 / 부수 女 / 급수 7급

女+生=여자(女)에게 태어(生)나야 주어지는 것이 성씨이니

필순 ㄴ 女 女 女 妒 妒 姓 姓

姓名 (성명)

성(姓)과 이름.

始 처음 시

획수 8획 / 부수 女 / 급수 6급

女+台=여자(女)가 기뻐(台)하는 모습이 처음이니

필순 ㄴ 女 女 奴 妒 始 始 始

始末 (시말)

처음과 끝.

女

'夕 저녁 석'

冬 外 多

겨울 **동**   바깥 **외**   많을 **다**

'夕'은 저녁 석'으로서 '月'에서 한 획을 뺀 글자로 해질 무렵인 황혼녘을 뜻한다.

밤과 관련된 뜻으로, 어둠 속에서도 태권도 품새를 할 수 있다.

 자소분해

冬
겨울 **동**

획수 5획 / **부수 冫** / **급수 7급**

夂+冫=천천히(夂) 얼음(冫)이 얼기 시작하니 겨울이다.

필순 ´ ク 夂 冬 冬

立 冬 (입동)

겨울이 시작된다는 뜻.
11월 8일경이다.

外
바깥 **외**

획수 5획 / **부수 夕** / **급수 8급**

夕+卜=저녁(夕)에 점(卜)치는 장소는 늘 바깥이니

필순 ´ ク 夕 夘 外

市 外 (시외)

도시 밖의 부근.

多
많을 **다**

획수 6획 / **부수 夕** / **급수 6급**

夕+夕=저녁(夕)마다 저녁(夕)마다 고민이 많으니

필순 ´ ク 夕 夕 多 多

多 幸 (다행)

운수가 좋음.
일이 좋게 됨.

夕

'口 입 구' 西 右 石
서녘 서　오른 우　돌 석

'口는 입 구' 자로서 입의 모양을 본뜬 글자이다.

태권도에서 발표할 때에는 크게, 또박또박 자신 있게 말해야 한다.

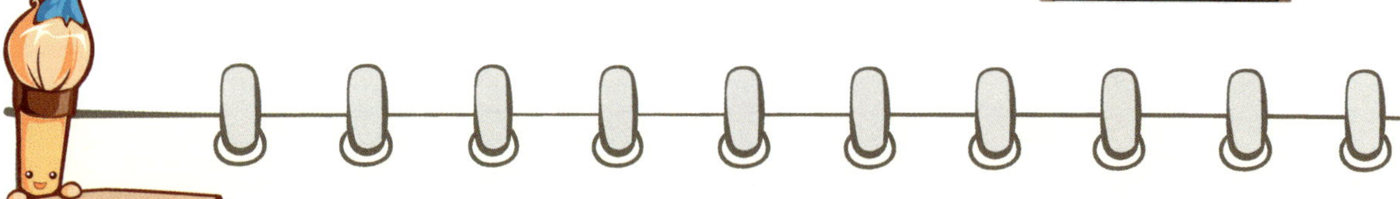

자소분해

西 서녘 서

획수 6획 / 부수 西 / 급수 8급

一+儿+口=한(一) 명의 어진사람(儿)이 말(口)을 하며 향하는 곳이 서쪽이니

필순 西西西西西西

西海 (서해)
서쪽에 있는 바다.

右 오른 우

획수 5획 / 부수 口 / 급수 7급

ナ+口=손(ナ) 중에 말(口)을 하며 같이 쓰이는 손은 주로 오른손이니

필순 右右右右右

右回轉 (우회전)
차 따위가 오른쪽으로 돎.

石 돌 석

획수 5획 / 부수 石 / 급수 6급

제부수로서 '石'은 바위 밑의 돌 모양을 본뜬 글자이다.

필순 石石石石石

石油 (석유)
천연 그대로의 원유들 중 하나의 원유.

口

'大 큰 대'

天 太 夫
하늘 천 클 태 지아비 부

'大는 큰 대' 자로서 양팔을 벌리고 서 있는 사람의 모습을 형상화한 글자이다.

태권도시상식에서 환호하는 모습과 비슷하다.

자소분해

天 하늘 천

획수 4획 / 부수 大 / 급수 7급
一+大=제일(一) 큰(大) 곳은 하늘이니
필순 一二于天

天地 (천지)
하늘과 땅.

太 클 태

획수 4획 / 부수 大 / 급수 6급
大+ㆍ =큰(大) 뜻에 점(ㆍ) 하나가 겹쳐져 의미가 더욱 크니
필순 一ナ大太

太極旗 (태극기)
대한민국의 국기.

夫 지아비 부

획수 4획 / 부수 大 / 급수 7급
一+大=하나(一) 하나 큰(大) 뜻을 말씀하시는 분은 지아비이니
필순 一二夫夫

農夫 (농부)
농사를 짓는 사람.

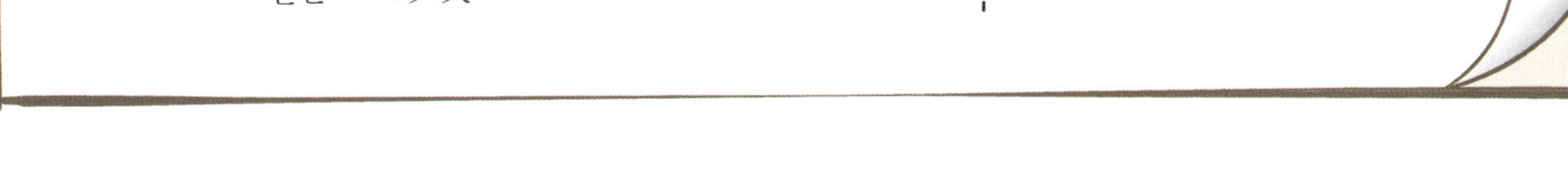

大

'欠 하품 흠' 歌 飮
노래 **가**　마실 **음**

'欠'은 하품 **흠**'자로서 입을 크게 벌리고 있는 모습을 뜻한다.

윗사람과 같이 있을 때에는 예의를 지켜야 한다.

자소분해

歌 노래 **가**

획수 **14획** / 부수 **欠** / 급수 **7급**
可+欠=옳거니(可) 옳거니(可) 하품(欠)하면서도 노래하니

필순 歌歌歌歌歌歌歌歌歌歌歌歌歌歌

校歌 (교가)
그 학교의 기풍을 제정하여 학생으로 하여금 부르게 하는 노래.

飮 마실 **음**

획수 **13획** / 부수 **食** / 급수 **6급**
食+欠=밥(食)을 먹은 후 하품(欠)하듯 입을 크게 벌려 물을 마시니

필순 飮飮飮飮飮飮飮飮飮飮飮飮飮

飮食 (음식)
먹는 것과 마시는 것.

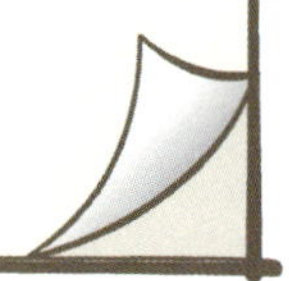

欠

白 도복색깔

‘白 흰 **백**’ 百 習
일백 **백**　익힐 **습**

‘白은 흰 **백**’자로서 달이 비치는 모양을 본뜬 글자로 희고 밝음의 뜻으로 쓰인다.

마치 백의민족을 상징하는 하얀 도복과 일치한다.

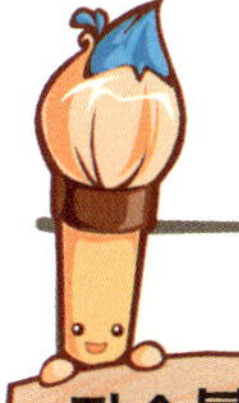
자소분해

百
일백 **백**

획수 6획 / 부수 白 / 급수 7급
一+白=하나(一)같이 투명(白)하듯 빛나니 일백이다.
필순 一 一 一 一 百 百 百

百姓 (백성)
일반 국민.

習
익힐 **습**

획수 11획 / 부수 羽 / 급수 6급
羽+白=날개(羽)가 하얗게(白) 될 정도로 익히려 하니
필순 習 習 習 習 習 習 習 習 習 習 習

練習 (연습)
학문이나 기예 따위를 익숙하도록 되풀이하여 익힘.

白

漢字 牛 황소막기

'牛 소 **우**'

特 物
특별할 **특**　물건 **물**

'牛은 소 **우**'자로서 뿔이 있는 소머리의 모습을 본뜬 글자이다.

태권도 품새 동작 중에 황소막기와 비슷하다.

자소분해

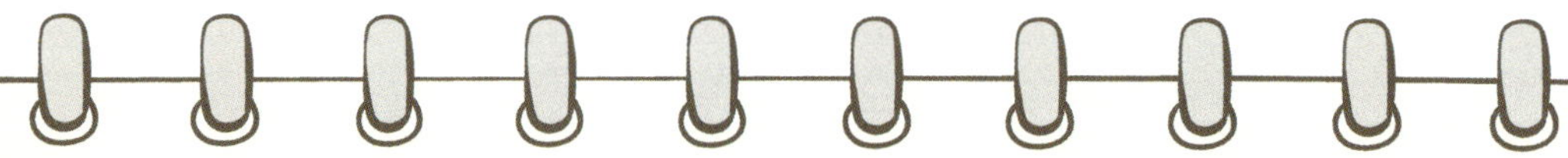

特
특별할 **특**

획수 10획 / 부수 牛 / 급수 6급
牛+寺=소(牛)를 키우는 절(寺)은 특별하니
필순 特特特特特特特特特特

特別 (특별)
보통과 다름.
보통보다 훨씬 뛰어남.

物
물건 **물**

획수 8획 / 부수 牛 / 급수 7급
牛+勿=소(牛)를 없애(勿) 구입한 물건이니
필순 物物物物物物物物

物質 (물질)
물건의 본바탕.

牛

'斤 도끼 **근**' 所 新
바**소**　새**신**

'斤'은 도끼 **근**'으로 돌도끼의 모습을 본뜬 글자이다.

태권도 동작 중 메주먹치기 동작과 원리가 비슷하다.

자소분해

所
바 **소**

획수 8획 / 부수 戶 / 급수 7급
戶+斤=문(戶)짝을 부수듯 도끼(斤)소리가 들리는 곳은 처소이니
필순 ´ ㄱ ㅏ ㅏ ㅏ 所 所 所

住所 (주소)
사는 곳.

新
새 **신**

획수 13획 / 부수 斤 / 급수 6급
立+木+斤=서(立) 있는 나무(木)를 베어낸 도끼(斤)는 새것이니
필순 ` ㅗ ㅗ ㅗ ㅗ ㅗ 辛 辛 辛 新 新 新 新

新聞 (신문)
새로운 소식을 신속하게 보도하는 정기 간행물.

斤

十 평형성 1단계

'十 열 십' 才 千 寸

재주 재　일천 천　마디 촌

'十'은 열 십'자로서 '一'에서 시작해 한 단이 끝남을 가리키는 '丨'을 그어 나타낸 글자이다.

태권도 수련 중 평형성 운동을 할 때 주로 실시하는 방법 중 하나이다.

자소분해

才
재주 재

획수 3획 / 부수 才 / 급수 6급
一+亅+丿=하나(一)의 갈고리(亅)를 비틀(丿)어 세우듯 재주 부리니
필순 一 十 才

才能 (재능)
재주와 능력.

千
일천 천

획수 3획 / 부수 十 / 급수 7급
亻+一=사람(亻)이 한(一) 줄로 늘어서 있어 결국 '일천' 명이 되니
필순 ノ 二 千

千里 (천리)
멀리 떨어져 있는 거리.

寸
마디 촌

획수 3획 / 부수 寸 / 급수 8급
제부수로서 맥박이 뛰는 곳까지의 뜻
필순 一 寸 寸

三寸 (삼촌)
아버지의 형제.
특히 결혼하지 않은 남자 형제.

十

'亻사람 인' 使 例
부릴 사 　 법식 례

'亻'은 사람 인'으로 사람의 모습을 본뜬 글자이다.

태권도장에서의 기본발차기 수련은 매일 연습해야 할 만큼 태권도인에게 상당히 중요하다.

자소분해

使
부릴 사

획수 8획 / 부수 亻 / 급수 6급
亻+一+史=사람(人)들을 하나(一)같이 역사(史)인물에 나오는 하인처럼 일을 부려먹으니

필순 ノ亻亻仁仵伊使使

使用 (사용)
물건을 씀.
사람을 부려 씀.

例
법식 례

획수 8획 / 부수 亻 / 급수 6급
亻+列=사람(亻)들을 사방으로 벌린(列) 후 다스리는 것이 법식이니

필순 ノ亻亻仔仔佰佰例例

例外 (예외)
일반적인 규정이나 정례에서 특수하게 벗어나는 일.

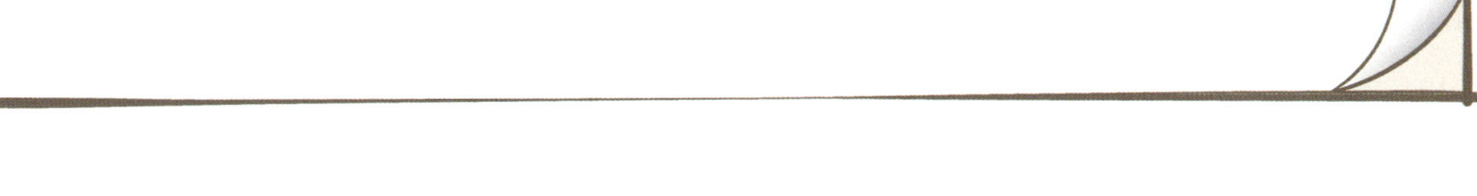

漢字 力 돌격파

'力 힘 력'

動 勇
움직일 동　　날랠 용

'力은 힘 력'자로서 힘을 쓸 때 근육이 불룩한 모양을 본뜬 글자이다.

주로 힘을 나타내는 글자로 격파시범 중 돌격파는 많은 힘을 필요로 한다.

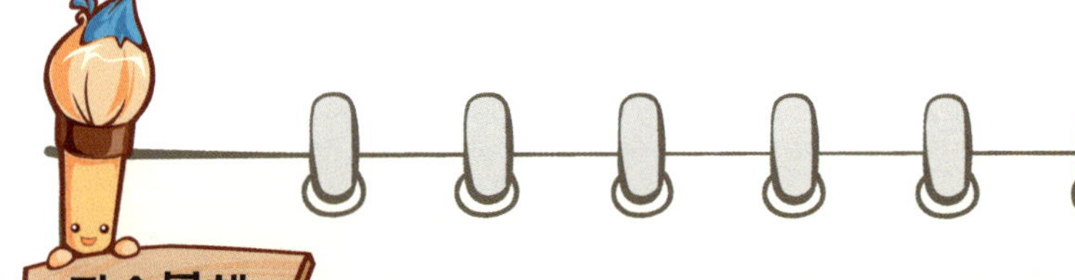

자소분해

動 움직일 동

획수 11획 / 부수 力 / 급수 7급
重+力=무거운(重) 것도 힘(力)을 이용하면 움직이니

필순 動动动动动动動重重動動

出**動** (출동)
나가서 행동함.

勇 날랠 용

획수 9획 / 부수 力 / 급수 6급
甬+力=솟아(甬) 오를 듯한 힘(力)으로 날래니

필순 勇勇勇勇勇勇勇勇勇

勇氣 (용기)
씩씩하고 용감한 기운.

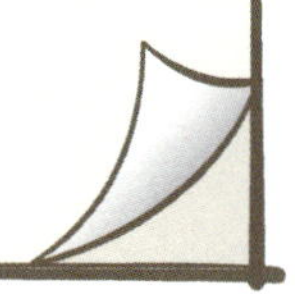

力

'人 사람 인'

金 合 今

쇠 금 합할 합 이제 금

'人은 사람 인'으로 사람의 모습을 본뜬 글자이다.

태권도장에서의 기본발차기 수련은 매일 연습해야 할 만큼
태권도인에게 상당히 중요하다.

자소분해

金
쇠 금

획수 8획 / 부수 金 / 급수 8급
산(人) 밑(一) 흙(土) 속에 금이 묻혀 있으니
필순 ノ 人 스 亼 亼 슈 슢 金 金

金冠 (금관)
금으로 만든 왕관.

合
합할 합

획수 6획 / 부수 口 / 급수 6급
人+一+口=사람(人)들이 하나(一)같이 말(口)의
뜻을 합하니
필순 ノ 人 亼 슈 合 合

合同 (합동)
둘 이상을 하나로 함.

今
이제 금

획수 4획 / 부수 人 / 급수 6급
人+一+ㄱ=사람(人)들이 하나(一)같이 함께(ㄱ)
모이는 지금이니
필순 ノ 人 亼 今

古今 (고금)
옛적과 지금.

人

'口 입 구'

名 兄 足

이름 명   형 형   발 족

'口는 입 구' 자로서 입의 모양을 본뜬 글자이다.

태권도에서 발표할 때에는 크게, 또박또박 자신 있게 말해야 한다.

자소분해

名
이름 명

획수 6획 / 부수 口 / 급수 7급
夕+口=저녁(夕)에는 캄캄해서 사람을 부를(口)때 이름으로 하니
필순 ノ ク タ タ 名 名

名言 (명언)
사리에 꼭 들어맞는 훌륭한 말.

兄
형 형

획수 5획 / 부수 儿 / 급수 8급
口+儿=말(口)을 하는 어진 사람(儿)은 나의 형이니
필순 口 口 口 兄 兄

兄弟 (형제)
형과 아우.

足
발 족

획수 7획 / 부수 足 / 급수 7급
제부수로서 '足'은 무릎 아래를 본떠 만든 글자이다.
필순 口 口 口 口 足 足 足

手足 (수족)
손과 발.

口

'日 날 일'

百 目 自

일백 **백**　　눈 **목**　　스스로 **자**

'日은 날 일' 자로서 해의 모습을 본뜬 글자이다.

맑음, 낮과 관련된 글자로서 줄넘기대회는 주로 해가 쨍쨍한 낮에 시작된다.

자소분해

百 일백 **백**

획수 6획 / 부수 白 / 급수 7급
一+白=하나(一)같이 투명(白)하듯 빛나니 일백이다.
필순 一 ナ 大 百 百 百

百姓 (백성)

일반 국민.

目 눈 **목**

획수 5획 / 부수 目 / 급수 6급
제부수로서 '目'은 사람의 눈 모양을 본뜬 글자이다.
필순 丨 冂 冂 月 目

題目 (제목)

어떤 작품이나 문서 등에서 그 내용을 나타내기 위하여 보이는 이름.

自 스스로 **자**

획수 6획 / 부수 自 / 급수 7급
제부수로서 '自'는 사람의 코 모양을 본뜬 글자이다.
필순 ' 冂 冂 白 白 自

自尊心 (자존심)

남에게 굽히지 않고 자기 몸이나 마음을 스스로 높이는 마음.

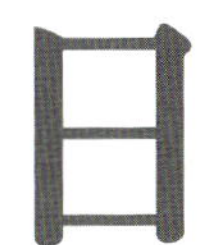

日

'田 밭 전'

男 果 里
사내 **남**　　실과 **과**　　마을 **리**

'田은 밭 전' 자로서 구획이 잘 되어 있는 밭의 모양을 본뜬 글자이다.

여름 수련 캠프는 논이나 밭에서도 실시되곤 한다.

자소분해

男
사내 **남**

획수 7획 / 부수 田 / 급수 7급
田+力=밭(田)에서 힘(力)을 쓰는 사람은 사내이니

필순 男

男妹 (남매)
오라비와 누이.

果
실과 **과**

획수 8획 / 부수 木 / 급수 6급
田+木=밭(田)의 나무(木)에 달려 있는 것은 실과이니

필순 果

結果 (결과)
어떤 원인으로 인하여 이루어진 결말.

里
마을 **리**

획수 7획 / 부수 里 / 급수 7급
제부수로서 밭(田)과 흙(土)을 합한 글자로 마을을 이룬다는 뜻이다

필순 里

里長 (이장)
마을을 대표하여 일을 맡아보는 사람.

田

'口 입 **구**'

向 園 邑
향할 **향**　　동산 **원**　　고을 **읍**

'口는 입 **구**' 자로서 입의 모양을 본뜬 글자이다.

태권도에서 발표할 때에는 크게, 또박또박 자신 있게 말해야 한다.

자소분해

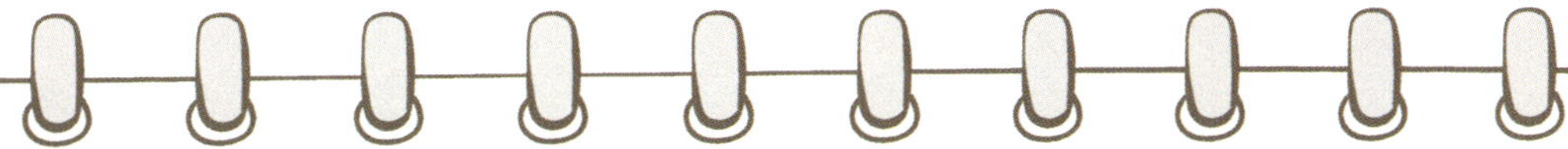

向
향할 **향**

획수 6획 / 부수 口 / 급수 6급

ノ+同=삐쳐(ノ)지듯 빛(同)이 여러 방향으로 향하니

필순 ´ ｀ 冂 冋 向 向

傾向 (경향)

마음이나 형세가 어느 한쪽으로 향하여 기울어짐.

園
동산 **원**

획수 13획 / 부수 口 / 급수 6급

口+韋=에워(口)싸여 있는 가죽(韋)들을 관리하기 위해 친 곳이 동산이니

필순 丨 冂 冂 冂 冃 冊 罔 周 周 圊 園 園 園

公園 (공원)

여러 사람들의 휴양, 유락을 위하여 베풀어 놓은 큰 정원.

邑
고을 **읍**

획수 7획 / 부수 邑 / 급수 7급

제부수로서 '邑' 은 사방을 두르고 있는 고을의 모양을 본뜬 글자이다

필순 丨 口 尸 吊 吊 邑 邑

邑內 (읍내)

읍의 안.

口

王 복근력A

'王 임금 왕' 班 主 生
나눌 반　　주인 주　　날 생

'王'은 임금 왕' 자로서 가로로 그은 세 개의 선과 세로로 그은 한 개의 선 모양으로 꿰어놓은 끈의 모양을 본뜬 글자이다.

윗몸일으키기 운동을 통해 나타나는 배근육의 모양과 비슷하다.

자소분해

班 나눌 반
획수 10획 / 부수 王 / 급수 6급
王+刂+王=구슬(王)과 구슬(王) 사이에 칼(刂)을 대어 나누니
필순 一 T F F 王 王 班 班 班 班

班長 (반장)
반으로 일컬어지는 조직체 같은 곳에서 그 안의 일을 맡아보는 사람.

主 주인 주
획수 5획 / 부수 丶 / 급수 7급
丶+王=점(丶)이 왕(王)처럼 가운데에 있으니 주인이다.
필순 丶 一 十 キ 主

主人 (주인)
물건의 임자.

生 날 생
획수 5획 / 부수 生 / 급수 6급
제부수로서 '生'은 흙에서 싹이 나오는 모양을 본뜬 글자이다
필순 生 生 生 生 生

生日 (생일)
세상에 태어난 날.

王

漢字 人 기본발차기 앞차기

'人 사람 인'

午 年 食
낮 **오**　해 **년**　먹을 **식**

'人은 사람 **인**'으로 사람의 모습을 본뜬 글자이다.

태권도장에서의 기본발차기 수련은 매일 연습해야 할 만큼
태권도인에게 상당히 중요하다.

자소분해

午 낮 **오**

획수 4획 / **부수 十** / **급수 7급**

丿+干=삐쳐(丿) 들어오는 햇빛이 방패(干)로 숙일 만큼 더운 낮이니

필순 丿 仁 仨 午

午後 (오후)

정오로부터 해가 질 때까지의 동안.

年 해 **년**

획수 6획 / **부수 干** / **급수 8급**

人+丨+匚=사람(人)이 송곳(丨)을 이용해 상자 (匚)를 완성하기까지 걸리는 한 해

필순 丿 仁 仨 午 年 年

昨年 (작년)

지난해.

食 먹을 **식**

획수 9획 / **부수 食** / **급수 7급**

제부수로서 '食'은 밥 먹는 모습을 본뜬 글자로 먹 는 것과 관련이 있다.

필순 丿 人 今 今 今 食 食 食 食

食事 (식사)

여러 가지 음식을 먹는 일.

人

⊹⊹ 여자 회전낙법

'⊹⊹ 풀 초' 花 共 苦
꽃 화   함께 공   쓸 고

'⊹⊹는 풀 초' 자로서 풀이 돋아난 모습을 본뜬 글자이다.
몸의 안전을 위해 낙법시범은 풀이나 잔디 위에서 실시한다.

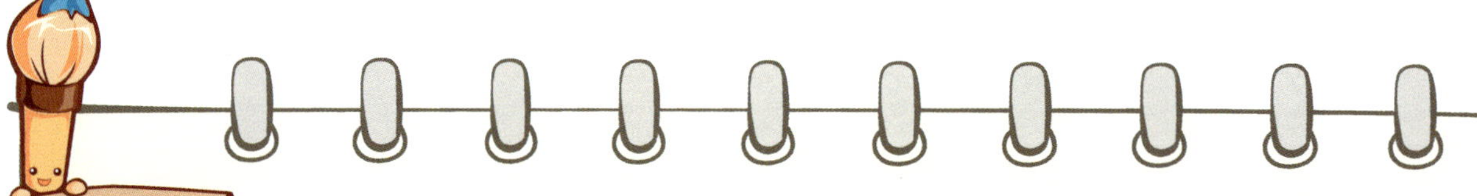

자소분해

花 꽃 화
획수 7획 / 부수 ⊹⊹ / 급수 7급
⊹⊹+化=풀(⊹⊹)이 변화되어(化) 꽃이 피니
필순 花花花花花花花

花壇 (화단)
뜰 한쪽을 조금 높게하여 꽃을 심기 위해 꾸며 놓은 터.

共 함께 공
획수 6획 / 부수 八 / 급수 6급
⊹⊹+一+八=풀(⊹⊹) 한(一) 개를 살리기 위해 여덟(八) 명이 함께하니
필순 共共共共共共

共同 (공동)
여러 사람이 일을 같이함.

苦 쓸 고
획수 8획 / 부수 ⊹⊹ / 급수 6급
⊹⊹+古=풀(⊹⊹)이 오래(古)되면 쓰니
필순 苦苦苦苦苦苦苦苦

勞苦 (노고)
애쓰고 노력한 수고로움.

⊹⊹

日 단체 태권줄넘기

'日 날 일'

明 時 昨
밝을 명　때 시　어제 작

'日'은 날 일' 자로서 해의 모습을 본뜬 글자이다.

맑음, 낮과 관련된 글자로서 줄넘기대회는 주로 해가 쨍쨍한 낮에 시작된다.

자소분해

明 밝을 명
획수 8획 / 부수 日 / 급수 6급
日+月=해(日)와 달(月)이 같이 있어 밝으니
필순 丨丨丨日日明明明明

發明 (발명)
전에 없던 물건 또는 무슨 방법을 새로 만들어 냄.

時 때 시
획수 10획 / 부수 日 / 급수 7급
日+寺=날(日)이 저물어 이제 절(寺)에 가야 할 때이니
필순 丨丨丨日日旷旷旷時時

時計 (시계)
시간을 재거나 가리키는 기계.

昨 어제 작
획수 9획 / 부수 日 / 급수 6급
日+乍=하루(日)가 잠깐(乍) 사이에 지나간 '어제'
필순 丨丨丨日日旷旷昨昨

昨年 (작년)
지난해.

日

'言 말씀 언' 話 訓 計
말씀 화   가르칠 훈   셀 계

'言은 말씀 언' 자로서 머리로 두 번 생각하고 말해야 한다는 뜻으로 쓰인다.

주로 말과 관련된 글자로 지도자는 늘 정직한 말로 지도해야 한다.

자소분해

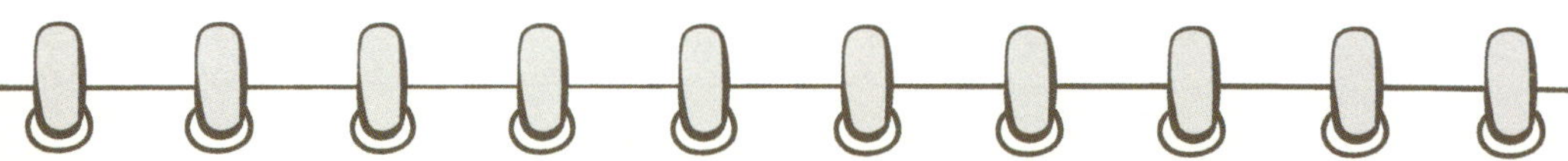

話 말씀 화	획수 13획 / 부수 言 / 급수 7급 言+舌=말씀(言)하실 때 혀(舌)를 정확히 움직이며 말씀하시니 필순 言言言言言言言言話話話話話

電話 (전화)

전화기를 이용하여 서로 이야기함.

訓 가르칠 훈	획수 10획 / 부수 言 / 급수 6급 言+川=말(言)을 물(川) 흐르듯이 가르치니 필순 言言言言言言言訓訓訓

教訓 (교훈)

가르치고 깨우침, 타이름.

計 셀 계	획수 9획 / 부수 言 / 급수 6급 言+十=말(言)로 십(十)이라고 큰 소리로 숫자를 세니 필순 言言言言言言言言計

計算 (계산)

수량을 헤아림.

言

十 평형성 2단계

'十 열 십'

平　市　半

평평할 **평**　시장 **시**　반 **반**

'十'은 열 **십** 자로서 '一'에서 시작해 한 단이 끝남을 가리키는 '丨'을 그어 나타낸 글자이다.

태권도 수련 중 평형성 운동을 할 때 주로 실시하는 방법 중 하나이다.

자소분해

平 평평할 **평**

획수 5획 / **부수** 干 / **급수** 7급
干+八=방패(干)의 팔각(八)면은 평평하니
필순 一 一 二 平 平

平 等 (평등)
차별이 없이 동등한 등급.

市 시장 **시**

획수 5획 / **부수** 巾 / **급수** 7급
亠+巾=머리(亠)에 수건(巾)을 두르고 가는 곳이 시장이니
필순 ' 一 亠 市 市

市 民 (시민)
도시의 주민.

半 반 **반**

획수 5획 / **부수** 十 / **급수** 6급
八+二+丨=여덟(八) 개를 두(二) 사람이 송곳(丨)을 치듯 나눈 것이 절반이니
필순 ' ' ' 半 半

折 半 (절반)
하나를 둘로 똑같이 나눔.

十

漢字 月 개인 야외정기심사

'月 달 월'

有 育 朝
있을 유 　 기를 육 　 아침 조

'月은 달 월'자로서 달의 모습을 형상화해 본뜬 글자이다.

저녁에 달을 보며 정기심사를 실시하는 것도 좋은 추억이 될 수 있다.

자소분해

有 있을 유

획수 6획 / 부수 月 / 급수 7급

ナ+月(肉)=오른손(ナ)에 고기(月)가 있으니

필순 一 ナ 才 冇 有 有

有利 (유리)

이익이 있음.
이로움.

育 기를 육

획수 8획 / 부수 月 / 급수 7급

亠+厶+月(肉)=나(厶)에게 머리(亠)를, 몸(月)을 주신 어머니가 사랑으로 길러주시니

필순 亠 亠 产 产 育 育 育 育

教育 (교육)

가르치어 지능을 가지게 하는 일.

朝 아침 조

획수 12획 / 부수 月 / 급수 6급

車+月=해가 돋우(車)면서 달(月)이 지기 시작하니 아침이다.

필순 十 古 古 古 古 直 卓 卓 朝 朝 朝 朝

朝會 (조회)

학교나 관청 등에서 아침에 일과를 시작하기 전에 모이는 일.

月

田 여자 여름캠프

'田 밭 전'

番 界 由

차례 번   지경 계   말미암을 유

'田은 밭 전' 자로서 구획이 잘 되어 있는 밭의 모양을 본뜬 글자이다.

여름 수련 캠프는 논이나 밭에서도 실시되곤 한다.

자소분해

番 차례 번

획수 12획 / **부수 田** / **급수 6급**
釆+田=나눈(釆) 밭(田)들을 하나하나 경작할 차례이니

필순 一 一 平 平 平 采 采 番 番 番

番號 (번호)
차례를 나타내는 횟수.

界 지경 계

획수 9획 / **부수 田** / **급수 6급**
田+介=밭(田)을 나누(介)어 구별해 놓은 것이 경계이니

필순 丨 口 曰 田 畀 界 界 界

限**界** (한계)
땅의 경계.

由 말미암을 유

획수 5획 / **부수 田** / **급수 6급**
曰+丨=말(曰)을 송곳(丨)으로 뚫듯 명확히 전달하려는 것으로 말미암으려 하니

필순 丨 冂 曱 由 由

自**由** (자유)
남의 구속을 받지 않고 자기 마음대로 함.

田

남자 개인훈련

29

'ᅡ 집 면' 家 空 室

집 가 · 빌 공 · 집 실

'宀'은 '집 면' 자로서 집의 모습을 본뜬 글자이다.

태권도를 더욱 잘하기 위해서는 가정에서도 태권도 연습을 꾸준히 실시해야 한다.

자소분해

家
집 가

획수 10획 / 부수 宀 / 급수 7급

宀+豕=집(宀) 안에 돼지(豕)들이 우글거리며 사는 집이 있으니

필순 家家家家家家家家家家

家訓 (가훈)

집안 어린이 그 자녀들에게 주는 교훈.

空
빌 공

획수 8획 / 부수 穴 / 급수 7급

穴+工=구멍(穴)을 만들(工)면 속이 비니

필순 空空空空空空空空

空間 (공간)

아무 것도 없는 빈 곳.

室
집 실

획수 9획 / 부수 宀 / 급수 8급

宀+至=집(宀)에 이르러(至) 들어가는 곳이 방(집)이니

필순 室室室室室室室室室

敎室 (교실)

학교 가운데 수업에 쓰이는 방.

漢字 子 아들 자

'子 아들 자'

孫 野 學
손자 **손**　　들 **야**　　배울 **학**

'子는 아들 **자**' 로서 어린 아이의 모양을 본뜬 글자이다.
대부분의 남자 아이들은 태권도를 수련했거나 수련하고 있다.

 자소분해

孫 손자 **손**
획수 10획 / 부수 子 / 급수 6급
子+系=아들(子)이 이어(系)지면 손자가 되니
필순 了了了子子子子子系系系孫孫

子孫 (자손)
아들과 손자 또는 후손.

野 들 **야**
획수 11획 / 부수 里 / 급수 6급
里+予=마을(里)에서 내(予)가 뛰노는 곳은 들이니
필순 里里里里里里里野野野野

分野 (분야)
어떤 갈래에 달린 범위나 부문.

學 배울 **학**
획수 16획 / 부수 子 / 급수 8급
臼+爻+宀+子=절구(臼)와 사귀(爻)듯 책을 뒤엎
은(宀) 아들(子)에게 글을 배우게 하니
필순 學學學學學學學學學學學學學學學學

學生 (학생)
배우는 사람.

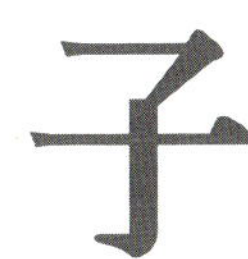

子

'人 사람 인' 住 信 代
살 주　　믿을 신　　대신 대

'人은 사람 인' 자로 사람의 모습을 본뜬 글자이다.

태권도장에서의 기본발차기 수련은 매일 연습해야 할 만큼 태권도인에게 상당히 중요하다.

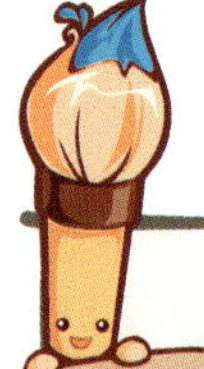

자소분해

住 살 주	획수 7획 / 부수 亻 / 급수 7급 亻+主=사람(亻)이 주인(主) 노릇하며 사니 필순 亻亻亻仁仁住住住

住居 (주거)
어떤 곳에 자리 잡고 삶.

信 믿을 신	획수 9획 / 부수 亻 / 급수 6급 亻+言=사람(亻)은 말(言)에 믿음이 있어야 함. 필순 信亻亻仁仁信信信信

信義 (신의)
믿음과 의리.

代 대신 대	획수 5획 / 부수 亻 / 급수 6급 亻+弋=사람(亻)이 활(弋) 쏘기로 대신하니 필순 亻亻代代代

代案 (대안)
어떤 안에 대신할 안.

人

'广 집 엄'

庭 度 席
뜰 정　　법도 도　　자리 석

'广'은 집 엄' 자로서 바위 집을 형상화한 글자이다.
'宀'은 작은 집,
'广'은 주로 큰 집.

태권도장 안에서의 합숙은 재미있는 추억거리를 많이 남길
수 있다.

자소분해

庭 뜰 정

획수 10획 / 부수 广 / 급수 6급
广+廷=집(广) 앞 조정(廷)은 전에 '뜰' 이었으니
필순 庭庭广庐庐庐庭庭庭庭

家庭 (가정)
한 가족으로서의 집안.

度 법도 도

획수 9획 / 부수 广 / 급수 6급
广+廿+又=집(广) 안에서는 받쳐(廿)들 때 오른
손(又)으로 하는 것이 법도이니
필순 度度广庐庐庐庐庐度

速度 (속도)
움직이는 사물의 빠르기.
빠른 정도.

席 자리 석

획수 10획 / 부수 巾 / 급수 6급
广+廿+巾=집(广) 안에 들어설 때 받쳐(廿)놓은
의자들 중에 수건(巾)이 깔린 곳이 내 자리이니
필순 席席广庐庐庐庐庐庐席

參席 (참석)
자리에 참여함.

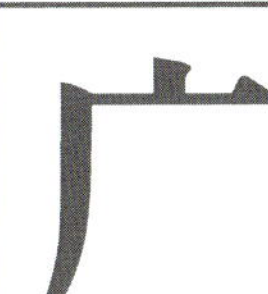

广

'氵 물 수'

洞 洋 活

마을 **동**　　큰바다 **양**　　살 **활**

'氵는 물 **수**'자로서 물이 흘러가는 모양을 본뜬 글자이다.
태권도는 바닷가에서도 수련이 가능한 운동이다.

자소분해

洞 마을 **동**	획수 9획 / 부수 氵 / 급수 7급 氵+同=물(氵)을 같이(同) 먹고 살아가는 곳이 마을이니 필순 氵氵汩汩汩洞洞洞洞

洞長 (동장)
한 동네의 우두머리.

洋 큰바다 **양**	획수 9획 / 부수 氵 / 급수 6급 氵+羊=물(氵)이 양(羊)떼처럼 모여 있는 곳이 큰바다이니 필순 氵氵汁汁泮泮洋洋洋

太平洋 (태평양)
3대양 중의 하나로 전해양면적의 약 반을 차지함.

活 살 **활**	획수 9획 / 부수 氵 / 급수 7급 氵+舌=물(氵)이 혀(舌)처럼 '살아' 움직이니 필순 氵氵汀汗活活活活活

活用 (활용)
이리저리 잘 응용함.

王 복근력B

'王 임금 왕'

球 現 理
공 **구**　나타날 **현**　다스릴 **리**

'王은 임금 왕' 자로서 가로로 그은 세 개의 선과 세로로 그은 한 개의 선 모양으로 꿰어놓은 끈의 모양을 본뜬 글자이다.

윗몸일으키기 운동을 통해 나타나는 배근육의 모양과 비슷하다.

자소분해

球 공 **구**
획수 11획 / 부수 玉 / 급수 6급
王+求=구슬(王)처럼 둥근 것을 구한(求) 것이 공이니
필순 一 二 干 王 王 却 尹 求 球 球 球

氣球 (기구)
비행기의 한 가지로 공기 부양력을 이용하여 공중에 높이 올라가게 된 물건.

現 나타날 **현**
획수 11획 / 부수 玉 / 급수 6급
王+見=임금(王)이 보면(見)서 나타나니
필순 一 二 干 王 王 刃 珂 玥 玥 珼 現

現在 (현재)
지금 이때.

理 다스릴 **리**
획수 11획 / 부수 玉 / 급수 6급
王+里=임금(王)이 마을(里)을 다스리니
필순 一 二 干 王 王 玑 玾 玾 玾 理 理

理論 (이론)
관념적으로 조직된 논리.

王

月 단체품새

'月 달 월'

服 勝 前
옷 복　이길 승　앞 전

'月은 달 월' 자로서 달의 모습을 형상화한 글자이다.

저녁에 달을 보며 정기심사를 실시하는 것도 좋은 추억이 될 수 있다.

자소분해

服
옷 복

획수 8획 / 부수 月 / 급수 6급

月(肉)+𠬝 =몸(月)을 다스려(𠬝) 주는 것이 옷이니

필순 丿 刀 月 月 𦜝 𦜝 服 服

克服 (극복)

곤란을 이겨내어 마음대로 함.

勝
이길 승

획수 12획 / 부수 力 / 급수 6급

月(肉)+龹+力=몸(月)을 구부(龹)리고 힘(力)을 쓰면 이기니

필순 丿 刀 月 月 𦝼 𦝼 胖 胖 朕 朕 勝 勝

勝敗 (승패)

이김과 짐.

前
앞 전

획수 9획 / 부수 刂 / 급수 7급

首+月(肉)+刂=우두머리(首)가 몸(月)에 칼(刂)을 들고 앞서니

필순 前 前 前 前 前 前 前 前 前

前後 (전후)

앞과 뒤, 먼저와 나중.

月

'言 말씀 **언**'   讀 語 記
읽을 **독**　　말씀 **어**　　기록할 **기**

'言은 말씀 언'자로서 머리로 두 번 생각하고 말해야 한다는 뜻으로 쓰인다.

주로 말과 관련된 글자로 지도자는 늘 정직한 말로 지도해야 한다.

자소분해

讀 읽을 **독**

획수 22획 / **부수 言** / **급수 6급**

言+賣=말(言)로 소리치듯 물건을 팔(賣)듯하며 큰 소리 내어 읽으니

필순 讀讀讀讀讀讀讀讀讀讀讀讀讀讀讀讀讀讀讀讀讀讀

讀書 (독서)

내용과 뜻을 헤아리거나 이해하면서 책을 읽는 것.

語 말씀 **어**

획수 14획 / **부수 言** / **급수 7급**

言+吾=말(言)로 윗분께 보고드릴 때 나(吾)는 늘 내 의견을 말씀드리니

필순 語語語語語語語語語語語語語語

國語 (국어)

국민 전체가 쓰는 그 나라의 고유한 말.

記 기록할 **기**

획수 10획 / **부수 言** / **급수 7급**

言+己=말씀(言)하시는 내용을 몸(己)소 움직여 가며 기록하니

필순 記記記記記記記記記記

日記 (일기)

자기의 생각이나 느낌 따위를 솔직하게 적은 글.

言

木 위력 주먹격파

'木 나무 목' 朴 樹 林

성 **박**　　나무 **수**　　수풀 **림**

'木은 나무 **목**' 자로 한 그루의 나무를 본뜬 글자이다.
태권도 시범이나 행사 시 격파용으로 많이 쓰인다.

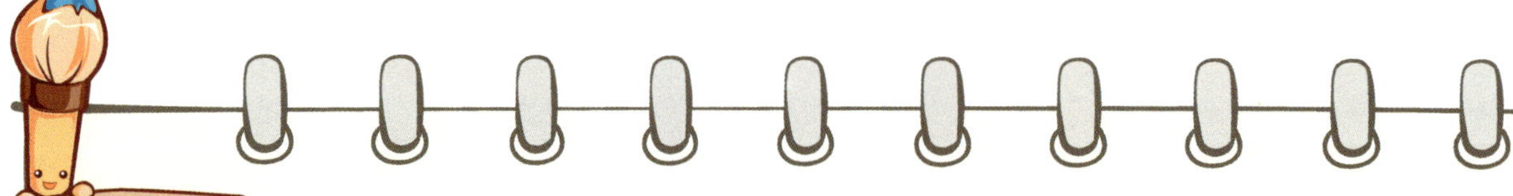

자소분해

朴
성 **박**

획수 6획 / 부수 木 / 급수 6급
木+卜=나무(木)로 점(卜)치는 행동이 참 순박하니
필순 一 十 オ 木 朴 朴

素朴 (소박)
거짓이나 꾸밈이 없이 순수하고 자연스러움.

樹
나무 **수**

획수 16획 / 부수 木 / 급수 6급
木+尌=나무(木)란 세워(尌)져 있어야 진짜 나무이니
필순 一 十 オ 木 木 杧 杧 桂 桔 桔 桂 梪 梪 樹 樹

樹木 (수목)
살아 있는 나무.

林
수풀 **림**

획수 8획 / 부수 木 / 급수 7급
木+木=나무(木)와 나무(木)가 이루어져 수풀이 되니
필순 一 十 オ 木 木 杧 村 林 林

林野 (임야)
숲과 들을 아울러 이르는 말.

木

'口 입 구'

中 國 別
가운데 **중**　나라 **국**　다를 **별**

'口는 입 **구**' 자로서 입의 모양을 본뜬 글자이다.

태권도에서 발표할 때에는 크게, 또박또박 자신 있게 말해야 한다.

자소분해

中
가운데 **중**

획수 4획 / **부수 ㅣ** / **급수 8급**
口+ㅣ =물건(口)을 송곳(ㅣ)으로 뚫어 놓은 곳이 가운데이니
필순 丨 口 口 中

中 心 (중심)
사물의 한가운데.

國
나라 **국**

획수 11획 / **부수 口** / **급수 8급**
口+或=에워(口)싸서 혹시(或)나 적들이 쳐들어오면 지키려 하는 나라들
필순 丨 冂 冂 冂 冋 国 或 或 國 國 國

故 國 (고국)
옛 나라.

別
다를 **별**

획수 7획 / **부수 刂** / **급수 6급**
口+力+刂 =말(口)로 하는 힘(力)과 칼(刂)을 무기로 하는 힘은 차원이 다르니
필순 丨 口 口 另 另 別 別

別 名 (별명)
사람의 외모나 성격 따위의 특징을 바탕으로 남들이 지어 부르는 이름.

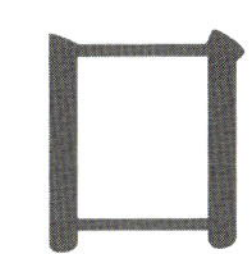
口

漢字

해양수련 2단계

'氵 물 수'

注 油 消

부을 **주**　기름 **유**　사라질 **소**

'氵'는 '물 **수**'자로서 물이 흘러가는 모양을 본뜬 글자이다.
태권도는 바닷가에서도 수련이 가능한 운동이다.

자소분해

注 부을 **주**
획수 8획 / 부수 氵 / 급수 6급
氵+主=물(氵)을 주인(主)이 직접 부으니
필순 注注注注注注注注

注目 (주목)
관심을 가지고 주의 깊게 살핌.

油 기름 **유**
획수 8획 / 부수 氵 / 급수 6급
氵+由=물(氵)로 말미암아(由) 생긴 것이 기름이니
필순 油油油油油油油油

油價 (유가)
석유의 가격.

消 사라질 **소**
획수 10획 / 부수 氵 / 급수 6급
氵+肖=물(氵)과 닮은(肖) 수증기가 사라지니
필순 消消消消消消消消消消

取消 (취소)
발표한 의사를 거두어 들이거나 예정된 일을 없애 버림.

漢字

一 다리 일자찢기

'一 한 일' 上 下 不 死

윗 **상**　아래 **하**　아니 **부**　죽을 **사**

'一'은 한 **일** 자로 하나의 가로선을 표시한 글자이다.

마치 태권도 유연성 중 다리 옆으로 벌리기 모양과 비슷하다.

자소분해

上
윗 **상**

획수 3획 / **부수 一** / **급수 7급**
卜+一=점(卜)을 쳐서 아래(一)에서 받든 것이 위
이니
필순 丨 卜 上

最上 (최상)

수준이나 등급 따위의 맨 위.

下
아래 **하**

획수 3획 / **부수 一** / **급수 7급**
卜+一=점(卜)을 쳐서 위(一)에서 누르려 하는 것
이 아래이니
필순 一 丅 下

下校 (하교)

공부를 끝내고 학교에서 집으
로 돌아옴.

不
아니 **부**

획수 4획 / **부수 一** / **급수 7급**
一+小=하나(一)의 작은(小) 것도 실수해서는 아니
되니
필순 一 丆 オ 不

不知 (부지)

알고 있지 아니함.

死
죽을 **사**

획수 6획 / **부수 夕** / **급수 6급**
一+歺+匕=한(一) 사람이 저녁(夕)에 비수(匕) 같
은 자세로 죽어 있으니
필순 一 丆 歹 歹 歽 死

戰死 (전사)

전장에서 싸우다 죽음. 

一

亻 기본발차기 점프앞차기

'亻 사람 **인**' 作 休 便

지을 **작**　쉴 **휴**　편할 **편**

'亻 은 사람 **인**'으로 사람의 모습을 본뜬 글자이다.

태권도장에서의 기본발차기 수련은 매일 연습해야 할 만큼 태권도인에게 상당히 중요하다.

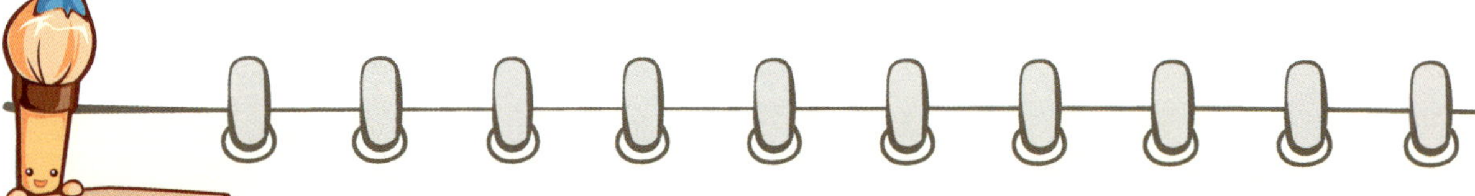

자소분해

作
지을 **작**

획수 7획 / 부수 亻 / 급수 6급

亻+乍=사람(亻)이 잠깐(乍) 사이에 글을 지으니

필순 ノ亻亻仁仁作作

作品 (작품)

예술 창작 활동으로 얻어지는 제작물.

休
쉴 **휴**

획수 6획 / 부수 亻 / 급수 7급

亻+木=사람(亻)이 나무(木)에서 쉬니

필순 ノ亻仁仕休休

休息 (휴식)

하던 일을 멈추고 잠깐 쉼.

便
편할 **편**

획수 9획 / 부수 亻 / 급수 7급

亻+更=사람(亻)이 다시(更) 편안해지니

필순 ノ亻仁仹值便便便便

便安 (편안)

편하고 걱정없이 좋음.

亻

漢字

十 평형성 3단계

'十 열 십'

南 古 直
남녘 남　　옛 고　　곧을 직

'十은 열 십'자로서 'ㅡ'에서 시작해 한 단이 끝남을 가리키는 'ㅣ'을 그어 나타낸 글자이다.

태권도 수련 중 평형성 운동을 할 때 주로 실시하는 방법 중 하나이다.

자소분해

南
남녘 남

획수 9획 / 부수 十 / 급수 8급
十+冂+¥ =열(十) 그루의 나무들이 멀리(冂) 무성(¥)하게 뻗치고 있는 곳이 남쪽이니

필순 一十十十十十十南南南

南北 (남북)

남쪽과 북쪽을 아울러 이르는 말.

古
옛 고

획수 5획 / 부수 口 / 급수 6급
十+口=십(十)세기부터 내려져 오는 말(口)로 오래된 옛것이니

필순 一十十古古

古木 (고목)

오래 묵은 나무.

直
곧을 직

획수 8획 / 부수 目 / 급수 7급
十+目+ㄴ =열(十) 사람의 눈(目)을 숨길(ㄴ) 수 없을 정도로 '곧은' 곳이니

필순 一十十古古古直直

直感 (직감)

사물이나 현상을 접하였을 때에 증명하지 아니하고 즉각 판단하는 느낌.

十

'木 나무 목' 米 來 村
쌀 미   올 래   마을 촌

'木은 나무 목' 자로 한 그루의 나무를 본뜬 글자이다.
태권도시범이나 행사 시 격파용으로 많이 쓰인다.

자소분해

米 쌀 미

획수 6획 / 부수 米 / 급수 6급
제부수로서 '米'는 쌀이 되기까지 농사꾼의 손이
88번 간다는 뜻
필순 丶丷丷半米米

白米 (백미)
희게 찧은 멥쌀.
흰쌀로 순화.

來 올 래

획수 8획 / 부수 人 / 급수 7급
木+人=나무(木) 앞으로 두 사람(人)이 오니
필순 一ㄱㄡ來來來來來

來日 (내일)
오늘의 바로 다음날.

村 마을 촌

획수 7획 / 부수 木 / 급수 7급
木+寸=나무(木)와 함께 마디(寸) 마디 질서있게
사는 곳이 마을이니
필순 一十才才村村村

山村 (산촌)
산속에 있는 마을.

木

'立 설 립' 童 部 章 音

아이 **동**   나눌 **부**   글 **장**   소리 **음**

'立은 설 립' 자로서 한 사람이 땅 위에 서 있는 모양을 형상화한 글자이다.

태권도 동작에서 주춤서기와 비슷하다.

자소분해

童 아이 **동**	**획수 12획 / 부수 立 / 급수 6급** 立+里=서(立)서 마을(里) 앞을 지나간 내 아이 필순 ㅗ ㅗ ㅎ ㅎ 音 音 音 音 童 童	**兒童** (아동) 신체적 · 지적으로 미숙한 단계에 있는 사람.
部 나눌 **부**	**획수 11획 / 부수 ⻏ / 급수 6급** 咅+⻏ =갈라지(咅)듯 고을(⻏)이 나누어지니 필순 ㅗ ㅗ 立 咅 咅 咅 咅 部 部	**部落** (부락) 시골에서 여러 민가가 모여 이룬 마을.
章 글 **장**	**획수 11획 / 부수 立 / 급수 6급** 音+十=소리(音)를 열(十)마디씩 묶어 이루어진 것이 글이니 필순 ㅗ ㅗ 立 音 音 音 音 章 章	**文章** (문장) 생각, 느낌, 사상 등을 글로 표현한 것.
音 소리 **음**	**획수 9획 / 부수 音 / 급수 6급** 제부수로서 '音' 은 입에서 소리가 나는 것을 표현한 글자 필순 ㅗ ㅗ 立 音 音 音 音 音	**音質** (음질) 음의 질. 음의 좋고 나쁨.

立

木 위력 등주먹격파

'木 나무 목' 集 根 校
모일 집　　뿌리 근　　학교 교

'木은 나무 목' 자로 한 그루의 나무를 본뜬 글자이다.
태권도 시범이나 행사 시 격파용으로 많이 쓰인다.

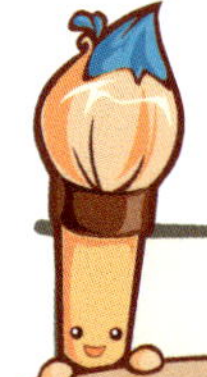

자소분해

集 모일 집

획수 12획 / 부수 隹 / 급수 6급
隹+木=새(隹)들이 나무(木)에 모이니
필순 ノ 亻 亻 亻 亻 隹 隹 隹 隹 集 集 集

集中 (집중)
한곳을 중심으로 하여 모임.

根 뿌리 근

획수 10획 / 부수 木 / 급수 6급
木+艮=나무(木)를 머물게(艮) 해 주는 것은 '뿌리'
이니
필순 一 十 木 木 木 杞 杞 枏 枏 根 根

根本 (근본)
사물의 본질이나 본바탕.

校 학교 교

획수 10획 / 부수 木 / 급수 8급
木+交=나무(木)를 바로잡듯(交) 잘못을 고쳐 주는
곳이 학교이니
필순 一 十 木 木 木 杧 杧 栌 校 校

校門 (교문)
학교의 문.

木

'方 모 방'

放 族 旗

놓을 **방**　　겨레 **족**　　기 **기**

'方'은 모 **방** 자로서 양쪽 손잡이가 있는 모양을 본뜬 글자이다.

태권도 시범동작 중 가위차기는 양쪽 목표물을 격파할 때 활용되는 기술이다.

자소분해

放
놓을 **방**

획수 8획 / 부수 攵 / 급수 6급
方+攵=사방(方)을 칼로 친(攵) 후 바닥에 놓으니
필순 ㆍ 一 亠 方 方 扩 扩 放放

放 心 (방심)
안심하여 주의를 하지 않음.

族
겨레 **족**

획수 11획 / 부수 方 / 급수 6급
方+人+矢=사방(方)에 사람(人)들이 화살(矢)을 들고 모여든 것은 다 같은 '겨레'이기 때문이니
필순 ㆍ 一 亠 方 方 扩 扩 扩 族 族 族

家 族 (가족)
부부를 기초로 하여 가정을 이루는 사람들.

旗
기 **기**

획수 14획 / 부수 方 / 급수 7급
方+人+其=사방(方)을 휘두르듯 사람(人)이 들고 있는 그(其)것은 기(깃발)이니
필순 ㆍ 一 亠 方 方 扩 扩 扩 旂 旗 旗 旗 旗 旗

國 旗 (국기)
나라를 상징하는 기.

方

門 국기에 대한 예의

‘門 문 문’ 問 聞 開 間
물을 문　들을 문　열 개　사이 간

‘門은 문 문’ 자로서 양쪽의 ‘문’을 뜻하는 글자이다.

도장 안으로 들어서기 전에 문 앞에서 국기에 대한 예의를 실시하는 것은 태권도인으로서의 기본적인 예의라 할 수 있다.

자소분해

問 물을 문
획수 11획 / 부수 口 / 급수 7급
門+口=문(門)에 입(口)을 대고 물으니
필순 丨丨丨丨丨丨丨丨丨丨丨丨 問問

質問 (질문)
의문이나 이유를 캐물음.

聞 들을 문
획수 14획 / 부수 耳 / 급수 6급
門+耳=문(門)에 귀(耳)를 대고 들으니
필순 丨丨丨丨丨丨丨丨丨丨丨丨 聞聞聞聞

新聞 (신문)
새로운 소식.

開 열 개
획수 12획 / 부수 門 / 급수 6급
門+一+廾=문(門) 한쪽(一)을 양손(廾)으로 여니
필순 丨丨丨丨丨丨丨丨丨丨丨丨 開開

開學 (개학)
방학을 마치고 다시 수업을 시작함.

間 사이 간
획수 12획 / 부수 門 / 급수 7급
門+日=문(門) 틈으로 빛(日)이 들어오는 사이
필순 丨丨丨丨丨丨丨丨丨丨丨丨 間間

間食 (간식)
끼니와 끼니 사이에 음식을 먹음.

門

' ﹁ 집 면 ' 窓 字 安 定

창 **창**   글자 **자**   편안 **안**   정할 **정**

'﹁'은 집 **면** 자로서 집의 모습을 본뜬 글자이다.

태권도를 더욱 잘하기 위해서는 가정에서도 태권도 연습을 꾸준히 해야 한다.

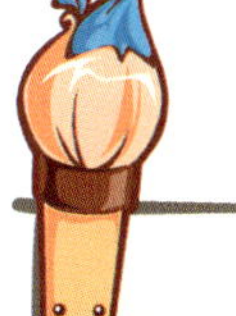

자소분해

窓 (창 **창**)

획수 11획 / 부수 穴 / 급수 6급

穴+厶+心=구멍(穴) 뚫린 마음은 곧 내(厶) 마음(心)의 창과 같으니

필순 ﹁﹁宀宀空空空空窓窓窓

字 (글자 **자**)

획수 6획 / 부수 子 / 급수 7급

宀+子=집(宀)에서 아들(子)이 쓰고 있는 것이 글자이니

필순 ﹁﹁宀宁字字

安 (편안 **안**)

획수 6획 / 부수 宀 / 급수 7급

宀+女=집(宀) 안에 여자(女)가 있으면 편안하니

필순 ﹁﹁宀宊安安

定 (정할 **정**)

획수 8획 / 부수 宀 / 급수 6급

宀+下+人=집(宀) 아래(下) 사람(人)이 정하니

필순 ﹁﹁宀宀宇宇定定

同 窓 (동창)

한 학교에서 공부를 한 사이.

文 字 (문자)

인간의 의사소통을 위한 시각적인 기호 체계.

安 全 (안전)

위험이 생기거나 사고가 날 염려가 없음.

算 定 (산정)

셈하여 정함.

漢字 工 호신술

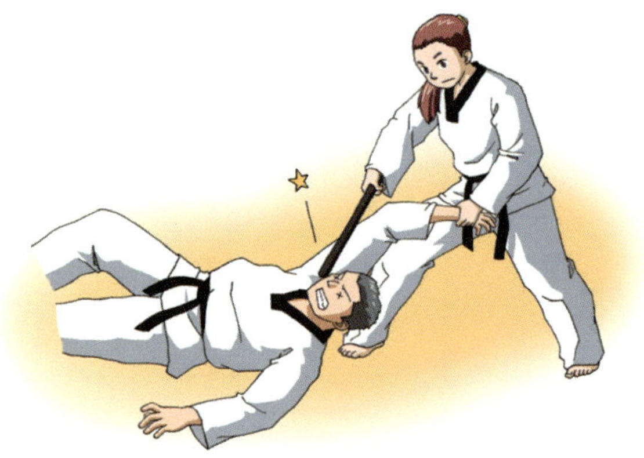

'工 장인 공' 功式江左
공공　법식　강강　왼좌

'工'은 장인 공으로 사람들이 쓰는 도구나 물건을 뜻한다.

도구로 인해 위험에 처했을 때는 호신술로 상대를 제압한다.

자소분해

功 (공 공)
획수 5획 / 부수 力 / 급수 6급

工+力=장인(工)이 힘(力)써 둥글게 만든 것이 공이니

필순 功功功功功

成功 (성공)
목적하는 바를 이룸.

式 (법 식)
획수 6획 / 부수 弋 / 급수 6급

工+弋=장인(工)이 주살(弋)을 만들 때 격식같은 법이 있으니

필순 式式式式式式

公式 (공식)
틀에 박힌 형식이나 방식.

江 (강 강)
획수 6획 / 부수 氵 / 급수 7급

氵+工=물(氵)이 장인(工)의 계속된 노력으로 만들어져 결국 '강'이 되니

필순 江江江江江江

江山 (강산)
강과 산이라는 뜻으로, 자연의 경치를 이르는 말.

左 (왼 좌)
획수 5획 / 부수 工 / 급수 7급

ナ+工=오른(ナ)손으로 물건을 만들(工)때 함께 활용하는 손이 '왼' 손이니

필순 左左左左左

左右 (좌우)
왼쪽과 오른쪽을 아울러 이르는 말.

工

'禾 벼 화' 利 和 秋 科

이로울 **리**　화목할 **화**　가을 **추**　과목 **과**

'禾는 벼 화' 자로서 벼 포기의 모습을 본뜬 글자이다.

태권도 이단옆차기는 벼들을 쉽게 넘을 수 있는 기술로 쓰인다.

자소분해

利
이로울 **리**

획수 7획 / **부수 刂** / **급수 6급**

禾+刂 =벼(禾)를 칼(刂)로 쳐 이롭게 하니

필순 利

勝利 (승리)

겨루어 이김.

和
화목할 **화**

획수 8획 / **부수 口** / **급수 6급**

禾+口=벼(禾)를 들고 말(口)하는 모습이 화목해 보이니

필순 和

和解 (화해)

싸움을 멈추고 서로 가지고 있던 안 좋은 감정을 풀어 없앰.

秋
가을 **추**

획수 9획 / **부수 禾** / **급수 7급**

禾+火 =벼(禾)가 불(火)에 태워지니, 곧 가을이다.

필순 秋

秋收 (추수)

가을에 익은 곡식을 거두어들임.

科
과목 **과**

획수 9획 / **부수 禾** / **급수 6급**

禾+斗=벼(禾)를 말(斗)로 재어 만들어진 것이 과목이니

필순 科

科目 (과목)

가르치거나 배워야 할 지식 및 경험의 체계를 세분하여 계통을 세운 영역.

禾

漢字 土 운동장시범

'土 흙 **토**' 場 地 幸 在
마당 **장**　땅 **지**　다행 **행**　있을 **재**

'土'는 흙 **토**'자로서 흙과 관련된 뜻으로 쓰이는 글자이다.
야외 운동장 시범은 대부분 흙에서 보여준다.

자소분해

場
마당 **장**

획수 12획 / 부수 土 / 급수 7급
土+昜=흙(土) 중에 가장 빛(昜)나는 곳이 마당이니
필순 一十土圠圹圹圯坍坍場場場

地
땅 **지**

획수 6획 / 부수 土 / 급수 7급
土+也=흙(土) 또한(也) 땅이니
필순 一十土圠地地

幸
다행 **행**

획수 8획 / 부수 干 / 급수 6급
土+八+干=땅(土)이 여덟(八) 병사들의 방패(干)에 의해 지켜지게 되어 다행이니
필순 一十士圭圭幸幸幸

在
있을 **재**

획수 6획 / 부수 土 / 급수 6급
一+亻+土=한(一) 사람(亻)이 살 수 있는 땅(土)은 모두 있으니
필순 一ナ才右在在

場所 (장소)
어떤 일이 이루어지거나 일어나는 곳.

地球 (지구)
사람이 살고 있는 땅덩어리.

幸運 (행운)
좋은 운수 또는 행복한 운수.

在學 (재학)
학교에 다니는 중임.

土

人 기본발차기 옆차기

'人 사람 인' 每 命 氣 會

매양 매 목숨 명 기운 기 모일 회

'人은 사람 인' 자로서 사람의 모습을 본뜬 글자이다.

태권도장에서의 기본발차기 수련은 매일 연습해야 할 만큼 태권도인에게 상당히 중요하다.

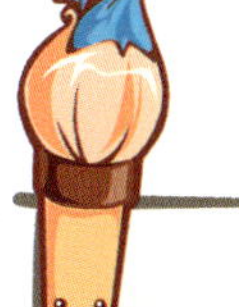

자소분해

每 매양 매

획수 7획 / 부수 毋 / 급수 7급

人+毋=사람(人)이 늘 건강하길 바라는 어미(毋)의 마음은 '매양' 같으니

필순 ノ 𠂉 𠂉 𠂉 每 每 每

每日 (매일)

각각의 개별적인 하루하루의 모든 날.

命 목숨 명

획수 8획 / 부수 口 / 급수 7급

人+一+口+卩 =사람(人)은 하나(一)같이 말(口)한 후 무릎(卩) 꿇으며 '목숨'을 구하려 하니

필순 ノ 人 亼 合 合 合 命 命

使命 (사명)

맡겨진 임무.

氣 기운 기

획수 10획 / 부수 气 / 급수 7급

气+米=구름(气)이 만들어지듯 쌀(米)을 지을때 올라오는 것은 수증기 같은 기운이니

필순 ノ 𠂉 𠂉 气 气 气 気 氣 氣 氣

氣分 (기분)

주위 환경에 따라 유쾌함이나 불쾌함 따위의 감정.

會 모일 회

획수 13획 / 부수 日 / 급수 6급

人+一+罒+日=사람(人)들이 하나(一)같이 창(罒)을 들고 말(日)하며 모이니

필순 ノ 人 亼 合 合 侖 侖 侖 侖 會 會 會 會

會議 (회의)

여럿이 모여 의논함.

人

⧻ 남자 회전낙법

'⧻ 풀 초' 英 萬 藥 草
꽃부리 영　일만 만　약 약　풀 초

'⧻'는 풀 초' 자로서 풀이 돋아난 모습을 본뜬 글자이다.
몸의 안전을 위해 낙법시범은 풀이나 잔디에서 실시한다.

자소분해

英 꽃부리 영
획수 9획 / 부수 ⧻ / 급수 6급
⧻+央=풀(⧻) 가운데(央)에 피어 있는 것이 꽃부리이니
필순 英

英雄 (영웅)
지혜와 재능이 뛰어나 보통 사람이 하기 어려운 일을 해내는 사람.

萬 일만 만
획수 13획 / 부수 ⧻ / 급수 8급
⧻+禺=풀(⧻)밭에서 사는 원숭이(禺) 수는 모두 합쳐 일만이니
필순 萬

萬能 (만능)
모든 일에 다 능통하거나 모든 일을 다 할 수 있음.

藥 약 약
획수 19획 / 부수 ⧻ / 급수 6급
⧻+樂=풀(⧻)을 즐기(樂)며 먹으면 몸에 좋은 '약'이 되니
필순 藥

藥局 (약국)
약사가 약을 조제하거나 파는 곳

草 풀 초
획수 10획 / 부수 ⧻ / 급수 7급
⧻+早=초목(⧻)에서 가장 일찍(早) 피어나는 것은 풀이니
필순 草

草家 (초가)
짚이나 갈대 따위로 지붕을 인 집.

'彳 걸을 행' 後 術 待 行

뒤 **후**   재주 **술**   기다릴 **대**   다닐 **행**

'彳'은 걸을 행'자로 거리 또는 '걷다'와 관련된 글자로 쓰인다.
주로 겨루기, 발차기, 스텝 연습 때 실시한다.

자소분해

後 (뒤 **후**)
획수 9획 / **부수 彳** / **급수 7급**
彳+幺+夂=조금 걷듯(彳) 작은(幺) 걸음으로 뒤
(夂)따라 오는 것을 뒤라 하니
필순 彳 彳 彳 彳 彳 彳 彳 後 後 後

術 (재주 **술**)
획수 11획 / **부수 行** / **급수 6급**
行+朮 =다니(行)며 약(朮)을 만드는 것은 재주이니
필순 彳 彳 彳 行 彳 彳 彳 彳 術 術 術

待 (기다릴 **대**)
획수 9획 / **부수 彳** / **급수 6급**
彳+寺=조금(彳)씩 걸으며 절(寺) 앞에서 기다리니
필순 彳 彳 彳 行 彳 待 待 待 待

行 (다닐 **행**)
획수 6획 / **부수 行** / **급수 6급**
제부수로서 '行'은 길거리의 모양을 본뜬 글자임.
필순 彳 彳 彳 行 行 行

後退 (후퇴)
뒤로 물러남.

手術 (수술)
의료기계를 써서 환자의 병을
고치는 일.

歡待 (환대)
반갑게 맞아 정성껏 후하게
대접함.

旅行 (여행)
일이나 유람을 목적으로 다른
고장이나 외국에 가는 일.

'口 입 구'   各 圖 區

각각 **각**   그림 **도**   나눌 **구**

'口는 입 **구**' 자로서 입의 모양을 본뜬 글자이다.

태권도에서 발표할 때에는 크게, 또박또박 자신 있게 말해야 한다.

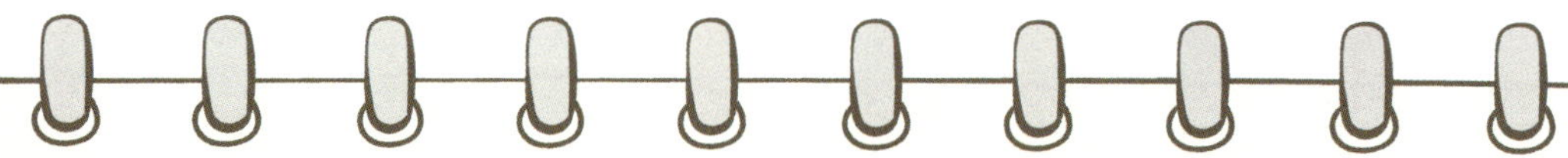

자소분해

各 각각 **각**

획수 **6획** / 부수 **口** / 급수 **6급**
夂+口=천천히 걸으며(夂) 말(口)하는 내용은 '각각' 다르니
필순 ノ ク タ 夂 名 名

各 自 (각자)
각각의 자기 자신

圖 그림 **도**

획수 **14획** / 부수 **口** / 급수 **6급**
口+啚=에워(口)싸여 있는 어려운(啚) 내용들을 쉽게 표현해 나갈 수 있는 것이 그림이니
필순 丨 冂 冂 冂 冋 周 周 周 圖 圖 圖 圖 圖

圖 案 (도안)
모양, 색체 등에 관하여 생각하고 연구하여 그것을 그림으로 설계함.

區 나눌 **구**

획수 **11획** / 부수 **匚** / 급수 **6급**
匚+品=상자(匚) 안에 놓여 있는 물건(品)들을 나누니
필순 匚 匸 匹 匹 匿 匿 區 區 區 區 區

區 分 (구분)
일정한 기준에 따라 전체를 몇 개로 갈라 나눔.

口

'心 마음 심' 感 急 愛 意

느낄 **감**　급할 **급**　사랑 **애**　뜻 **의**

'心'은 마음 '심'자로 심장의 모양을 본뜬 글자이다.
명상을 통해 마음의 수련도 해야 한다.

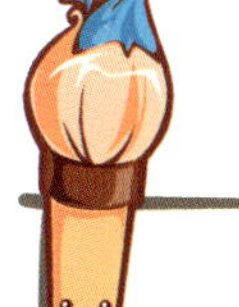

자소분해

感
느낄 **감**

획수 13획 / 부수 心 / 급수 6급
咸+心=다(咸) 함께 마음(心)으로 느끼니
필순 一厂厂厂斥斥或咸咸咸感感感

感氣 (감기)
추위에 상하여 일어나는 호흡기 계통의 염증성 질환.

急
급할 **급**

획수 9획 / 부수 心 / 급수 6급
及+⺕+心=미치(及)도록 손(⺕)과 마음(心)이 급하니
필순 ノ ク 勺 刍 刍 刍 急 急 急

危急 (위급)
몹시 위태롭고 급함.

愛
사랑 **애**

획수 13획 / 부수 心 / 급수 6급
爫+冖+心+夊=손(爫)을 덮고(冖) 마음(心)을 천천히(夊) 드러내 사랑한다 하니
필순 一 爫 爫 爫 爫 愛 愛 愛 愛 愛 愛 愛 愛

愛人 (애인)
이성 간에 사랑하는 사람.

意
뜻 **의**

획수 13획 / 부수 心 / 급수 6급
音+心=소리(音)도 마음(心)속과 같은 '뜻'이 있으니
필순 丶 亠 立 立 产 音 音 音 音 音 意 意 意

意志 (의지)
다른 것에 마음을 기대어 도움을 받음.

心

糸 줄다리기

'糸 실 사' 線 綠 紙 級

줄 **선**　　푸를 **록**　　종이 **지**　　등급 **급**

'糸'는 실 **사** 자로서 실이나 끈 등을 감아놓은 실타래의 모양을 본뜬 글자이다.

여러 개의 태권도 띠를 이용하여 즐거운 게임으로도 활용할 수 있다.

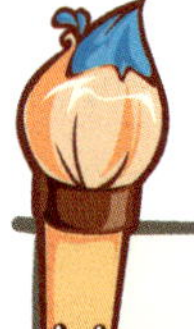

자소분해

線
줄 **선**

획수 15획 / 부수 糸 / 급수 6급

糸+白+水=실(糸)이 하얀(白) 깨끗한 물(水)처럼 흐르듯 이어진 것을 '줄' 이라 하니

필순 糸糸糸糸糸糸糸糸糸約約綿綿線線

光線 (광선)

빛의 줄기.

綠
푸를 **록**

획수 14획 / 부수 糸 / 급수 6급

糸+彔=실(糸)의 빛깔이 나무가 깍이(彔)듯이 푸르게 되니

필순 糸糸糸糸糸糸糸約約約約綿綠綠

草綠 (초록)

풀의 빛깔과 같이 푸른 빛을 약간 띤 녹색.

紙
종이 **지**

획수 10획 / 부수 糸 / 급수 7급

糸+氏=실(糸)의 뿌리(氏)들이 모여 만들어진 것을 '종이'라 하니

필순 糸糸糸糸糸糸糸紅紙紙

紙筆 (지필)

종이와 붓을 아울러 이르는 말.

級
등급 **급**

획수 10획 / 부수 糸 / 급수 6급

糸+及=실(糸)이 완성에 이르게(及) 되면, 곧 주어지는 것이 등급이니

필순 糸糸糸糸糸糸糸級級級

級數 (급수)

기술 따위를 우열에 따라 매긴 등급.

糸

'木 나무 목' 李 本 植 樂

오얏 **리**　근본 **본**　심을 **식**　즐거울 **락**

'木은 나무 목' 자로 한 그루의 나무를 본뜬 글자이다.
태권도 시범이나 행사 시 격파용으로 많이 쓰인다.

자소분해

李 (오얏 리)
획수 7획 / 부수 木 / 급수 6급
木+子=나무(木)의 과일 중 아들(子)이 좋아하는 과일은 '오얏' 이니
필순 一十才木本李李

李朝 (이조)
이씨 조선을 줄여 이르는 말.

本 (근본 본)
획수 5획 / 부수 木 / 급수 6급
木+一=나무(木) 밑 하나(一)의 뿌리가 근본이니
필순 一十才木本

本能 (본능)
배워서 갖춘 것이 아니라 세상에 태어나면서부터 이미 갖춘 능력.

植 (심을 식)
획수 12획 / 부수 木 / 급수 7급
木+直=나무(木)를 곧게(直) 세우며 심으니
필순 一十才木术栌栌柿柿植植植

植物 (식물)
온갖 나무와 풀의 총칭.

樂 (즐거울 락)
획수 15획 / 부수 木 / 급수 6급
幺+白+木=작은(幺) 아이들이 흰(白) 눈사람에 나무(木) 가지를 끼워 놓고 즐거워하니
필순 ' 幺 幺 幺 纟 纠 纲 绅 绅 樂 樂 樂 樂 樂

娛樂 (오락)
쉬는 시간에 여러 가지 방법으로 기분을 즐겁게 하는 일.

木

'竹 대나무 죽' 等 算 答 第

무리 **등**   셈 **산**   대답 **답**   차례 **제**

'竹'은 대나무 죽'자로서 대나무를 본 뜬 글자의 모양이다.

머리를 향해 내려오는 죽도는 태권도 동작 중 얼굴막기로 막을 수 있다.

자소분해

等
무리 **등**

획수 12획 / 부수 竹 / 급수 6급

竹+寺=대나무(竹) 숲에 절(寺)들이 가지런히 무리 지었으니

필순 等等等等等等等等等等等等

初 等 (초등)

차례가 있는 데서 맨 처음 등급.

算
셈 **산**

획수 14획 / 부수 竹 / 급수 7급

竹+目+廾=대나무(竹)들을 눈알(目)만한 크기로 만든 후 하나 하나 받쳐(廾)들며 셈하니

필순 算算算算算算算算算算算算算算

暗 算 (암산)

필기도구, 계산기 등을 이용하지 않고 머릿속으로 계산함.

答
대답 **답**

획수 12획 / 부수 竹 / 급수 7급

竹+合=대나무(竹)들을 서로 합한(合) 후 글로써 대답하려 하니

필순 答答答答答答答答答答答答

對 答 (대답)

부르는 말에 응하여 어떤 말을 함.

第
차례 **제**

획수 11획 / 부수 竹 / 급수 6급

竹+弔+丿=대나무(竹) 숲 앞에서 조상(弔)께 몸을 비틀(丿)듯 숙여 제사를 지낼 차례이니

필순 第第第第第第第第第第第

第 一 (제일)

여럿 가운데서 첫째가는 것.

竹

'豆 콩 두' **頭 登 短 體**

머리 **두**　오를 **등**　짧을 **단**　몸 **체**

'豆는 콩 **두**' 자로서 주로 콩과 관련된 의미로 쓰이는 글자이다.
머리 위에 콩을 올려놓고 연습할 때 많은 집중력을 필요로 한다.

자소분해

頭 머리 **두**

획수 16획 / 부수 頁 / 급수 6급
豆+頁=콩(豆) 앞쪽 머리(頁)부분에 싹튼 콩 '머리'
필순 頭頭頭頭頭頭頭頭頭頭頭頭頭頭頭頭

頭痛 (두통)
머리가 아픈 증세.

登 오를 **등**

획수 12획 / 부수 癶 / 급수 7급
癶+豆=걸어(癶)서 콩(豆)밭으로 올라가니
필순 登登登登登登登登登登登登

登山 (등산)
운동, 놀이 따위의 목적으로
산에 오름.

短 짧을 **단**

획수 12획 / 부수 矢 / 급수 6급
矢+豆=화살(矢) 길이가 콩(豆)꼬투리처럼 짧으니
필순 短短短短短短短短短短短短

短點 (단점)
잘못되고 모자라는 점.

體 몸 **체**

획수 23획 / 부수 骨 / 급수 6급
骨+豊=뼈(骨)에 풍년(豊)이 들어, 즉 살이 붙어
몸이 되니
필순 體體體體體體體體體體體體體體體體體體體體體體體

體溫 (체온)
생물체가 가지고 있는 온도.

豆

示 태권관중들

'示 보일 시' 祖 社 神 禮
조상 **조**   모일 **사**   귀신 **신**   예도 **례**

'示는 보일 시' 자로서 '보다'로 널리 쓰이는 글자이다.

태권도 시범 때 격파에 성공하면 관중들은 열렬한 박수를 보내며 환호해 준다.

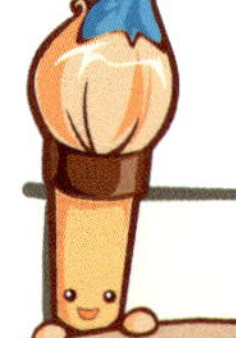

자소분해

祖 (조상 조)
획수 10획 / **부수 示** / **급수 7급**
示+且=신(示) 앞에 또(且) 있고 있는 것이 조상이니
필순 示示示示示祝祝祖祖祖

祖父 (조부)
할아버지.

社 (모일 사)
획수 8획 / **부수 示** / **급수 6급**
示+土=귀신(示)들이 흙(土) 주위에 모이니
필순 示示示示示社社社

會社 (회사)
영리를 목적으로 두 사람 이상이 설립한 사단법인.

神 (귀신 신)
획수 10획 / **부수 示** / **급수 6급**
示+申=신(示)들이 사는 곳에 음식을 펴(申) 놓으면 찾아오는 것은 귀신뿐이니
필순 示示示示示神神神神神

精神 (정신)
사물을 느끼고 생각하며 판단하는 능력.

禮 (예도 례)
획수 18획 / **부수 示** / **급수 6급**
示+豊=신(示) 앞에서 풍년(豊)을 기원하는 것이 예도이니
필순 示示示示示禮禮禮禮禮禮禮禮禮禮禮禮禮

禮節 (예절)
예의에 관한 모든 절차나 질서.

示

耂 어르신 태권도

‘耂 늙을 로’ **孝 者 老 教**

효도 **효**　놈 **자**　늙을 **로**　가르칠 **교**

‘耂’는 늙을 **로** 자로서 ‘노인’과 관련된 글자로 쓰인다.
태권도는 남녀노소 누구나 배울 수 있는 운동이다.

자소분해

孝 효도 **효**

획수 7획 / 부수 子 / 급수 7급
耂+子=노인(耂)을 업은 아들(子)이 효도하니
필순 一 十 土 耂 耂 孝 孝

孝道 (효도)
부모를 정성껏 잘 섬기는 일.

者 놈 **자**

획수 9획 / 부수 耂 / 급수 6급
耂+白=노인(耂)이 흰(白) 수염을 만지며 ‘이놈’,
‘저놈’이라 하니
필순 丶 一 少 少 耂 者 者 者 者

病者 (병자)
병을 앓고 있는 사람.

老 늙을 **로**

획수 6획 / 부수 老 / 급수 7급
제부수로서 ‘耂’는 늙은이가 지팡이를 짚고 있는
모습을 본뜬 글자이다.
필순 一 十 土 耂 耂 老

老人 (노인)
나이가 들어 늙은 사람.

教 가르칠 **교**

획수 11획 / 부수 攵 / 급수 8급
耂+攵=효도(耂)하라며 치며(攵) 가르치니
필순 丿 乂 乄 孝 孝 孝 孝 教 教 教 教

教育 (교육)
지식과 기술 따위를 가르치며
인격을 길러 줌.

耂

'氵 물 水' 溫 淸 海 漢

따뜻할 온   맑을 청   바다 해   한나라 한

'氵'는 물 水'자로서 물이 흘러가는 모양을 본뜬 글자이다.
태권도는 바닷가에서도 수련이 가능한 운동이다.

자소분해

溫 따뜻할 온

획수 13획 / 부수 氵 / 급수 6급
氵+囚+皿=물(氵)을 가두어(囚) 놓은 죄수에게 그릇(皿)에 담아 주는 것은 따뜻한 정이니
필순 溫溫溫溫溫溫溫溫溫溫溫溫溫

溫氣 (온기)
따뜻한 기운.

淸 맑을 청

획수 11획 / 부수 氵 / 급수 6급
氵+靑+=물(氵)이 푸르도록(靑) 맑으니
필순 淸淸淸淸淸淸淸淸淸淸淸

淸潔 (청결)
맑고 깨끗함.

海 바다 해

획수 10획 / 부수 氵 / 급수 7급
氵+每=물(氵)이 매양(每) 모이게 되면 바다가 되니
필순 海海海海海海海海海海

海洋 (해양)
넓고 큰 바다.

漢 한나라 한

획수 14획 / 부수 氵 / 급수 7급
氵+堇=물(氵)과 진흙(堇)이 있는 양나라 지역에 세운 나라가 한나라이니
필순 漢漢漢漢漢漢漢漢漢漢漢漢漢漢

漢字 (한자)
중국어를 표기하는 중국 고유의 문자.

'⼇ 머리 **두**' 京 高 衣 交 文

서울 **경**　높을 **고**　옷 **의**　사귈 **교**　글월 **문**

'⼇'는 머리 **두** 자로서 사람의 머리 모양을 본뜬 글자이다.

태권도 격파 중 머리로 격파를 하는 시범도 있다.

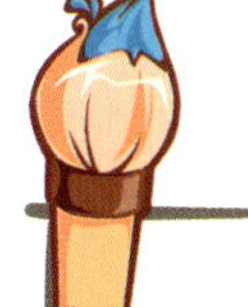

자소분해

京 (서울 **경**)

획수 8획 / 부수 ⼇ / 급수 6급

亠+小=높고(亠) 작은(小) 집들이 서로 어우러진 곳이 서울이니

필순 ` 亠 亠 古 古 宁 宁 京 京

歸京 (귀경)

서울로 돌아오거나 돌아감.

高 (높을 **고**)

획수 10획 / 부수 高 / 급수 6급

제부수로서 '高'는 좁은 누각의 모양을 본뜬 글자

필순 ` 亠 亠 古 古 古 高 高 高 高

最高 (최고)

가장 높음.

衣 (옷 **의**)

획수 6획 / 부수 衣 / 급수 6급

제부수로서 '衣'는 저고리의 동정과 옷고름을 동여 맨 형상을 본뜬 글자

필순 ` 亠 亠 ナ ヤ 衣 衣

依服 (의복)

옷.

交 (사귈 **교**)

획수 6획 / 부수 ⼇ / 급수 6급

亠+父=머리(亠)에 갓을 쓴 아버지(父)가 사람들과 사귀려 하니

필순 ` 亠 亠 六 六 交 交

交流 (교류)

문화나 사상 따위가 서로 통함.

文 (글월 **문**)

획수 4획 / 부수 文 / 급수 7급

제부수로서 '文'은 글자의 획이 이리저리 엇갈린 모양

필순 ` 亠 ナ 文

文法 (문법)

글을 짜고 꾸미는 법칙.

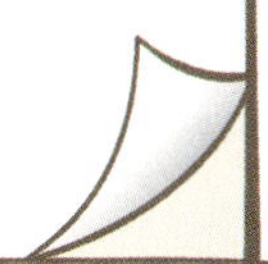

'辶 달릴 착' 近速道運通

가까울 **근**   빠를 **속**   길 **도**   옮길 **운**   통할 **통**

'辶'은 달릴 **착** 자로서 꾸불꾸불한 길을 빠르게 뛰어가는 것으로 쓰이는 글자이다.

태권도 수련생들은 늘 최선을 다해 빠르게 행동해야 한다.

자소분해

近 (가까울 근)

획수 8획 / 부수 辶 / 급수 6급

斤+辶=도끼(斤)가 있는 곳으로 뛰어(辶) 점점 가까워지니

필순 近 厂 斤 斤 斤 沂 沂 近 近

最近 (최근)

얼마 되지 않은 지나간 날.

速 (빠를 속)

획수 11획 / 부수 辶 / 급수 6급

束+辶=묶은(束) 후 뛰니(辶) 빠르다.

필순 速 束 束 束 束 束 束 速 速 速 速

速度 (속도)

물체가 나아가거나 일이 진행되는 빠르기.

道 (길 도)

획수 13획 / 부수 辶 / 급수 7급

首+辶=머리(首)가 가는(辶) 곳으로 가는 것이 길이니

필순 道 道 首 首 首 首 首 首 首 道 道

道路 (도로)

사람, 차 따위가 잘 다닐수 있도록 만들어 놓은 비교적 넓은 길.

運 (옮길 운)

획수 13획 / 부수 辶 / 급수 6급

軍+辶=군사(軍)가 뛰(辶)듯 하며 옮기려 하니

필순 運 軍 軍 軍 軍 軍 軍 軍 軍 軍 運 運

運動 (운동)

사람이 몸을 단련하거나 건강을 위하여 몸을 움직이는 일.

通 (통할 통)

획수 11획 / 부수 辶 / 급수 6급

甬+辶=솟아(甬)오르듯 뛰려는(辶) 마음이 서로 통하니

필순 通 甬 甬 甬 甬 甬 甬 通 通 通

通信 (통신)

소식, 지식 등을 남에게 전함.

시범발차기(4단)

점프 양발 앞차기

'점프 양발 앞차기' 는 두 발을 모으고 뛰어올라 다리를 벌려 동시에 앞차기로 격파를 하는 시범기술이다.

연상암기법

점프 양발 앞차기를 정확하게 격파하기 위해서는 격파에 앞서 마음속으로 **일 이 삼 사 오 육 칠 팔 구 십**을 세는 동안 크게 심호흡한 후 격파에 임하면 좋은 결과를 얻을 수 있다.

一
한 **일**

획수 1획 / **부수 一** / **급수 8급**
제부수로서 '一'은 막대기 하나를 놓아 하나를 표시한 글자이다.
　필순 一

一等 (일등)
으뜸가는 등급.

二
두 **이**

획수 2획 / **부수 二** / **급수 8급**
제부수로서 '二'는 나무 토막 두 개를 본뜬 글자이다.
　필순 一二

二回 (이회)
두 번째로 돌아옴.

三
석 **삼**

획수 3획 / **부수 一** / **급수 8급**
一+一+一=한(一) 개가 세 개로 나뉘어 석 삼이 되니
　필순 一二三

三等 (삼등)
세 번째 등급.

四
넉 **사**

획수 5획 / **부수 口** / **급수 8급**
口+儿=에워싸인(口) 어진 사람(儿)은 모두 합쳐 넷이니
　필순 丨冂冂四四

四寸 (사촌)
아버지의 친형제자매의 아들이나 딸과의 촌수.

五
다섯 **오**

획수 4획 / **부수 二** / **급수 8급**
一+一+力=하늘(一)과 땅(一)이 서로(力)하니 오행, 즉 다섯이니
　필순 一丆五五

五大洋 (오대양)
지구를 둘러싸고 있는 다섯 대양.

六
여섯 **육**

획수 4획 / **부수 八** / **급수 8급**
亠+八=머리(亠)를 감싼 여덟(八) 개의 수건 중 빛깔 있는 수건은 여섯 개이니
　필순 丶亠六六

六十 (육십)
그 수량이 예순임을 나타내는 말.

七
일곱 **칠**

획수 2획 / **부수 一** / **급수 8급**
ノ+乚=삐뚤어(ノ)지게 감쳐(乚)진 물건은 일곱 개이니
　필순 一七

七月 (칠월)
한 해의 열두 달 가운데 일곱째 달.

八
여덟 **팔**

획수 2획 / **부수 八** / **급수 8급**
제부수로서 '八'은 '두 손의 손가락을 네 개'씩 편 모양을 본뜬 글자이다.
　필순 ノ八

四方八方 (사방팔방)
여기저기 모든 방향이나 방면.

九
아홉 **구**

획수 2획 / **부수 乙** / **급수 8급**
十+乚=열(十) 개 중 하나를 구부(乚)리면 아홉이 되니
　필순 ノ九

九十 (구십)
그 수량이 아흔임을 나타내는 말.

十
열 **십**

획수 2획 / **부수 十** / **급수 8급**
제부수로서 '十'은 '一'에서 시작해 한 단이 끝남을 가리키는 'ㅣ'을 그어 나타낸 모양
　필순 十十

十日 (십일)
그 달의 열째 날.
열날.

시범발차기(5단)

공중 돌려차기 연속 3단계

'점프 뛰어 돌려차기' 의 응용 단계로서 도약하여 공중에서 3번의 돌려차기로 3개의 격파물을 격파하는 시범기술이다.

東	西	南	北
동녘 **동**	서녘 **서**	남녘 **남**	북녘 **북**
春	夏	秋	冬
봄 **춘**	여름 **하**	가을 **추**	겨울 **동**

공중 돌려차기 3단계 격파 연습은 **동·서·남·북** 방향이든, **봄·여름·가을·겨울** 날씨이든 간에 쉽게 연습할 수 있는 기술이다.

東 동녘 동

획수 8획 / **부수 木** / **급수 8급**

木+日=나무(木) 사이에 아침 해(日)가 비치는 동녘이니

필순 一 一 一 一 亓 亘 東 東

東西南北 (동서남북)

동쪽, 서쪽, 남쪽, 북쪽이라는 뜻.

西 서녘 서

획수 6획 / **부수 襾** / **급수 8급**

一+儿+口=한(一) 명의 어진 사람(儿)이 에워싸인(口) 곳의 위치는 서쪽이니

필순 一 一 一 万 西 西

西洋 (서양)

유럽과 남북아메리카의 여러 나라를 통틀어 이르는 말.

南 남녘 남

획수 9획 / **부수 十** / **급수 8급**

十+冂+羊=열(十) 그루의 나무가 멀리(冂)서 무성(羊)하게 자라나고 있는 곳이 남녘이니

필순 一 一 十 市 市 南 南 南 南

南韓 (남한)

중부 이남의 한국.

北 북녘 북

획수 5획 / **부수 匕** / **급수 8급**

匕+匕=나란히(匕) 서로 등지고 있는 곳이 북녘이니

필순 丨 一 ォ ォ 北

北極 (북극)

지구의 자전축을 연장할 때, 천구와 마주치는 북쪽 점.

春 봄 춘

획수 9획 / **부수 日** / **급수 7급**

一+一+大+日=하늘(一)과 땅(一)에 커다란(大) 빛(日)이 비치니 봄이다.

필순 一 三 丰 夫 夫 表 春 春 春

立春 (입춘)

봄이 시작된다는 뜻으로, 양력으로 2월 4일 경이다.

夏 여름 하

획수 10획 / **부수 夊** / **급수 7급**

頁+夊=머리(頁)가 천천히(夊) 더워지니 여름이다.

필순 一 一 百 百 百 亘 頁 夏 夏 夏

夏服 (하복)

여름 옷.

秋 가을 추

획수 9획 / **부수 禾** / **급수 7급**

禾+火=벼(禾)가 불(火)에 태워지니 곧 가을이다.

필순 禾 禾 千 禾 禾 禾 秒 秒 秋

秋夕 (추석)

우리나라 명절의 하나. 양력 팔월 보름날이다.

冬 겨울 동

획수 5획 / **부수 冫** / **급수 7급**

夊+冫=천천히(夊) 얼음(冫)이 생기기 시작이니 곧 겨울이다.

필순 丿 夂 夂 冬 冬

立冬 (입동)

겨울이 시작된다는 뜻으로, 11월 8일 경이다.

시범발차기(6단)

사람 밟고 높이 뛰어앞차기

사람을 장애물 삼아 어깨를 밟고 뛰어올라 뛰어앞차기로 공중의 격파물을 격파하는 시범기술이다.

연상암기법

천산이 **영원**한 **동내**에 **출입**해 **양식업**장 안에서 '사람 밟고 높이 뛰어앞차기' 시범을 보여줄까?

川 (내 **천**)
획수 3획 / 부수 川 / 급수 7급
제부수로서 '川'은 도랑에 물이 흐르는 모양을 본뜬 글자이다.
필순 川川川

河川 (하천)
강과 시내를 아울러 이르는 말.

山 (뫼 **산**)
획수 3획 / 부수 山 / 급수 8급
제부수로서 '山'은 산의 모양을 본뜬 글자이다.
필순 山山山

山林 (산림)
산과 숲, 또는 산에 있는 숲.

永 (길 **영**)
획수 5획 / 부수 水 / 급수 6급
丶+水=점(丶) 찍어 놓은 물(水)가는 폭이 기니
필순 永永永永永

永遠 (영원)
어떤 상태가 끝없이 이어짐.

然 (그러할 **연**)
획수 12획 / 부수 灬 / 급수 7급
月+犬+灬=달(月)빛 아래 개(犬)를 불(灬)에 구우니 분위기가 그럴싸하네
필순 然然然然然然然然然然然然

當然 (당연)
도리상 마땅히 해야 할 일.

同 (한가지 **동**)
획수 6획 / 부수 口 / 급수 7급
冂+一+口=멀리(冂)서 하나(一)같이 말(口)하는 소리가 같으니
필순 同同同同同同

同意 (동의)
의사나 의견을 같이 함.

內 (안 **내**)
획수 4획 / 부수 入 / 급수 7급
冂+入=성(冂) 안으로 들어갔으니(入), 즉 안쪽이니
필순 內內內內

內容 (내용)
그릇이나 포장 따위의 안에 든 것.

出 (날 **출**)
획수 5획 / 부수 凵 / 급수 7급
屮+凵=싹(屮)이 입 벌리며(凵) 나오니
필순 出出出出出

出席 (출석)
어떤 자리에 나아가 참석함.

入 (들 **입**)
획수 2획 / 부수 入 / 급수 7급
제부수로서 '入'은 움집으로 허리를 구부리고 들어가는 모양을 본뜬 글자이다.
필순 入入

入場 (입장)
안으로 들어가는 것.

陽 (볕 **양**)
획수 12획 / 부수 阝 / 급수 6급
阝+昜=언덕(阝) 위에서 빛나는(昜) 것, 즉 볕이니
필순 陽陽陽陽陽陽陽陽陽陽陽陽

陽地 (양지)
햇볕이 바로 드는 곳.

食 (밥 **식**)
획수 9획 / 부수 食 / 급수 7급
제부수로서 '食'은 밥 먹는 모습을 본뜬 글자이다.
필순 食食食食食食食食食

食堂 (식당)
음식을 만들어 손님들에게 파는 가게.

業 (업 **업**)
획수 13획 / 부수 木 / 급수 6급
丵+丨=무더기(丵)로 계속해 송곳(丨)으로 뚫어야 하니 '일'이다.
필순 業業業業業業業業業業業業業

職業 (직업)
생계를 세워 가기 위해 일상적으로 종사하는 일.

시범발차기(7단)

장애물 넘어 이단옆차기

도약을 이용하여 **뛰어올라 장애물을 넘어** 옆차기로 격파하는 시범기술이다.

戰	世	號	黃
싸움 **전**	세상 **세**	이름 **호**	누를 **황**
父	母	正	醫
아비 **부**	어미 **모**	바를 **정**	의원 **의**

연상암기법

집값이 이단옆차기로 격파되듯 폭락하여 **전세호황**을 이루게 되니 **부모**들이 **정의**로운 사회가 되었다고 기뻐하신다.

戰
싸울 전
획수 16획 / 부수 戈 / 급수 6급
單+戈=홀로(單) 창(戈)을 들고 싸우니
필순 戰戰戰戰戰戰門門門門單單單戰戰戰

戰鬪 (전투)
적을 쳐서 승리를 얻기 위한 수단.

世
세상 세
획수 5획 / 부수 一 / 급수 7급
一+凵+乚=한(一) 번에 입 벌리(凵)듯 하며 감추려(乚) 하는 것이 인간 세상이니
필순 一十十卅廿世

世上 (세상)
사람이 살고 있는 모든 사회를 통틀어 이르는 말.

號
이름 호
획수 13획 / 부수 虍 / 급수 6급
입(口)을 한(一) 가마의 쌀포(勹)처럼 벌려 범(虎)같이 위엄있게 불러야 하는 것이 '이름' 이니
필순 號號號號号号号号號號號號號

商號 (상호)
상인이나 회사가 영업 활동을 위해 자기를 표시하는 데 쓰는 명칭.

黃
누를 황
획수 12획 / 부수 黃 / 급수 6급
제부수로서 '黃' 은 밭의 색깔이 누런데서 유래한 글자이다.
필순 黃黃黃黃黃黃黃黃黃黃黃黃

黃金 (황금)
누런빛의 금이라는 뜻으로, 다른 금속과 구별하여 이르는 말.

父
아비 부
획수 4획 / 부수 父 / 급수 8급
제부수로서 '父' 는 칠복의 변형으로 옛날 엄한 가장(어른)을 뜻함.
필순 父父父父

父母 (부모)
아버지와 어머니.

母
어미 모
획수 5획 / 부수 母 / 급수 8급
女+丶=여자(女)의 몸에 젖(丶)이 두 개 있으니 즉, 어미다.
필순 母母母母母

母女 (모녀)
어머니와 딸을 아울러 이르는 말.

正
바를 정
획수 5획 / 부수 止 / 급수 7급
一+止=하나(一)로만 그치게(止)되어 바르게 되니
필순 正丁下正正

正確 (정확)
바르고 확실함.

醫
의원 의
획수 18획 / 부수 酉 / 급수 6급
匚+矢+殳+酉=화살(矢)과 몽둥이(殳)에 의해 다친(匚) 곳을 술(酉)로 고치니, 의원이다.
필순 醫醫醫醫醫醫醫醫醫醫醫醫醫醫醫醫醫醫

醫師 (의사)
의술과 약으로 병을 치료 진찰하는 것을 직업으로 삼는 사람.

시범발차기(8단)

등 밟고 뒤로 한발앞차기

보조자의 **등을 밟고 뛰어올라** 높은 곳에 위치한 격파물을 '공중돌기'로 격파하는 시범기술이다.

光	先	郡	病	身	面
빛 **광**	먼저 **선**	고을 **군**	병 **병**	몸 **신**	낯 **면**

農	民	軍	銀	色	韓	表
농사 **농**	백성 **민**	군사 **군**	은 **은**	빛 **색**	나라 **한**	겉 **표**

연상암기법

등 밟고 뒤로 한발앞차기를 관람하기 위해서는 주소로 **광선군 병신면 농민군**에 가서 **은색**으로 된 **한** 개의 **표**를 직접 구입해야 한다.

光 (빛 광)
획수 6획 / 부수 儿 / 급수 6급
火+儿=불(火)빛에 의해 어진 사람(儿)이 유난히 빛나니
필순 光光光光光光

觀光 (관광)
다른 지방에 가서 그곳의 풍경, 풍습 따위를 구경함.

先 (먼저 선)
획수 6획 / 부수 儿 / 급수 8급
丿+土+儿=꼬불꼬불(丿)한 흙(戈)더미에 어진 사람(儿)이 '먼저' 앞서니
필순 先先先先先先

先生 (선생)
학생을 가르치는 사람.

郡 (고을 군)
획수 10획 / 부수 阝 / 급수 6급
君+阝=임금(君)이 언덕(阝)도 다스리는 곳이 고을이니
필순 郡郡郡郡君君君郡郡郡

郡守 (군수)
군의 행정을 맡아보는 으뜸 직위에 있는 사람.

病 (병 병)
획수 10획 / 부수 疒 / 급수 6급
疒+丙=병(疒)세가 점점 심해(丙)지니 병이다.
필순 病病病广广疒疒病病病

看瓶 (간병)
앓는 사람이나 다친 사람의 곁에서 돌보고 시중을 듦.

身 (몸 신)
획수 7획 / 부수 身 / 급수 6급
제부수로서 '身'은 아이를 밴 여자의 형상을 본뜬 글자이다.
필순 身身身身身身身

亡身 (망신)
말이나 행동을 잘못하여 자기의 지위, 명예, 체면 따위가 손상됨.

面 (낯 면)
획수 9획 / 부수 面 / 급수 7급
제부수로서 '面'은 사람의 얼굴을 정면에서 본뜬 글자이다.
필순 面面面面面面面面面

面談 (면담)
서로 만나서 이야기함.

農 (농사 농)
획수 13획 / 부수 辰 / 급수 7급
曲+辰=구부린(曲) 채 별(辰)이 뜰 때까지 일하는 것이 농사이니
필순 農農農農農農農農農農農農農

農事 (농사)
곡류, 과채류 따위의 씨나 모종을 심어 기르고 거두는 따위의 일.

民 (백성 민)
획수 5획 / 부수 氏 / 급수 8급
一+氏=덮여(一) 있는 곳에 모여드는 씨족(氏)들은 모두 백성이니
필순 民民民民民

住民 (주민)
일정한 지역에 살고 있는 사람.

軍 (군사 군)
획수 9획 / 부수 車 / 급수 8급
一+車=덮여(一) 있는 수레(車)는 군사용이니
필순 軍軍軍軍軍軍軍軍軍

軍隊 (군대)
일정한 규율과 질서를 가지고 조직된 군인의 집단.

銀 (은 은)
획수 14획 / 부수 金 / 급수 6급
金+艮=금(金)옆에 머물러(艮) 있는 것이 은이니
필순 銀銀銀銀銀金金金金銀銀銀銀銀

銀河水 (은하수)
은하계를 강에 비유한 말.

色 (빛 색)
획수 6획 / 부수 色 / 급수 7급
제부수로서 '色'은 사람 위에 사람을 얹은 모양이다.
필순 色色色色色色

色相 (색상)
색을 노랑, 파랑 따위로 구분하게 하는 색 자체가 갖는 고유의 특성.

韓 (나라 한)
획수 17획 / 부수 韋 / 급수 8급
卓+韋=햇살(卓)을 받아 가죽(韋)처럼 빛나는 한국, 즉 나라이니
필순 韓韓韓韓韓韓韓韓韓韓韓韓韓韓韓韓韓

韓服 (한복)
우리나라 고유의 옷.

表 (겉 표)
획수 8획 / 부수 衣 / 급수 6급
土+衣 =흙(土)에 묻힌 옷(衣) 부분은 겉뿐이니
필순 表表表表表表表表

表示 (표시)
겉으로 드러내 보임.

시범발차기(9단)

어깨 밟고 뒤로 양발앞차기

보조자의 양 어깨를 밟고 뛰어올라 높은 곳에 위치한 격파물을 공중에서 동시에 격파하는 시범기술이다.

形	手	發	成	强	弱
모양 형	손 수	쏠 발	이룰 성	강할 강	약할 약

重	題	車	路	親	對
무거울 중	제목 제	수레 차	길 로	친할 친	대답할 대

연상암기법

코치같은 **형수**님이 큰 **발성**으로 **강약중**을 조절하며 말씀해 주시니 늘 격파자는 '어깨 밟고 뒤로 양발앞차기'로 목표물을 **제대로 찬다**.

形 모양 형 — 획수 7획 / 부수 彡 / 급수 6급
幵+彡=평평(幵)해진 털(彡)들로 갖추어진 모양.
필순 形形形形形形形

變**形** (변형)
모양이나 형태가 달라지거나 달라지게 함.

手 손 수 — 획수 4획 / 부수 手 / 급수 7급
제부수로서 '手'는 다섯 손가락과 손바닥 모양.
필순 手手手手

拍**手** (박수)
기쁨, 찬성을 나타내거나 장단을 맞추려고 두 손뼉을 마주침.

發 쏠 발 — 획수 12획 / 부수 癶 / 급수 6급
癶+弓+殳=걸어(癶)다니며 활(弓)을 이용해 몽둥이(殳)짓 하듯 마구 쏘니.
필순 發發發發發發發發發發發發

發展 (발전)
더 낫고 좋은 상태나 더 높은 단계로 나아감.

成 이룰 성 — 획수 7획 / 부수 戈 / 급수 6급
戊+丁=무성(戊)한 장정(丁)으로 성장하여 이루니
필순 成成成成成成成

成功 (성공)
목적하는 바를 이룸.

强 강할 강 — 획수 12획 / 부수 弓 / 급수 6급
弘+虫=큰(弘) 벌레(虫)는 강하니
필순 强强强强强强强强强强强强

强調 (강조)
어떤 부분을 특별히 강하게 주장하거나 두드러지게 함.

弱 약할 약 — 획수 10획 / 부수 弓 / 급수 6급
弓+二=활(弓)을 두(二) 번 당겨보고, 활(弓)을 두(二) 번 쏘아봐도 활 위력은 약하니
필순 弱弱弱弱弱弱弱弱弱弱

虛**弱** (허약)
힘이나 기운이 없고 약함.

重 무거울 중 — 획수 9획 / 부수 里 / 급수 7급
丿+車+一=기울(丿)어진 수레(車) 한(一) 대가 유난히 무거우니
필순 重重重重重重重重重

重要 (중요)
귀중하고 요긴함.

題 제목 제 — 획수 18획 / 부수 頁 / 급수 6급
是+頁=올바른(是) 생각과 머리(頁)에서 먼저 표현된 것이 곧 제목이니.
필순 題題題題題題題題題題題題題題題題題題

問**題** (문제)
해답을 요구하는 물음.

車 수레 차 — 획수 7획 / 부수 車 / 급수 7급
제부수로서 '車'는 전차모양을 본뜬 글자이다.
필순 車車車車車車車

車票 (차표)
차를 타기 위하여 찻삯을 주고 사는 표.

路 길 로 — 획수 13획 / 부수 足 / 급수 6급
足+各=발(足)로 각각(各) 다니게 만들어 놓은 것이 '길'이니
필순 路路路路路路路路路路路路路

進**路** (진로)
앞으로 나아갈 길.

親 친할 친 — 획수 16획 / 부수 見 / 급수 6급
立+木+見=서(立) 있는 나무(木) 사이에서 서로 마주 보며(見) 친해지려 하니.
필순 親親親親親親親親親親親親親親親親

親舊 (친구)
가깝게 오래 사귄 사람.

對 대답할 대 — 획수 14획 / 부수 寸 / 급수 6급
丵+羊+寸=나란히(丵) 양(寸)떼처럼 마디마디(羊) 몰려와 대답하려 하니.
필순 對對對對對對對對對對對對對對

相**對** (상대)
서로 마주 대함.
서로 겨룸.

시범발차기(승리자)

시범발차기 승리자

끝까지 포기하지 않는다면 누구나 자신이 원하는 것들을 모두 성취할 수 있다.
백절불굴(百折不掘)

靑	風	堂
푸를 **청**	바람 **풍**	집 **당**

數	弟	晝	書
셀 **수**	아우 **제**	낮 **주**	글 **서**

연상암기법

청풍과 **당수**로 어울어진 **제주서**(도)에 가서 승리를 맛볼까?

靑
푸를 **청**

획수 8획 / **부수 靑** / **급수 8급**
제부수로서 '靑'은 풀의 싹이 나올 때의 모습.

필순 二丰青青青青青靑

靑年 (청년)
청춘기에 있는 젊은 사람.

風
바람 **풍**

획수 9획 / **부수 風** / **급수 6급**
제부수로서 '風'은 바람의 움직임을 나타낸 모습.

필순 丿几几凡凡凨風風風

風景 (풍경)
경치.
어떤 정경이나 상황.

堂
집 **당**

획수 11획 / **부수 土** / **급수 6급**
尙+土=높이(尙) 쌓아 올린 흙(土)더미는 모두 집이니

필순 堂堂堂堂堂堂堂堂堂堂堂

食堂 (식당)
건물 안에 식사를 할 수 있게 시설을 갖춘
장소.

數
셀 **수**

획수 15획 / **부수 攵** / **급수 7급**
婁+攵=쌓여(婁) 있는 것을 툭툭 치며(攵) 세니

필순 數數數數數數數數數數數數數數數

數學 (수학)
수량 및 공간의 성질에 관하여 연구하는
학문.

弟
아우 **제**

획수 7획 / **부수 弓** / **급수 8급**
八+弔+丿=여덟(八) 분의 조상(弔) 형제들 중 자세가 삐뚤어진(丿) 분이 '아우' 분
이시니

필순 弟弟弟弟弟弟弟

弟子 (제자)
스승으로부터 가르침을 받거나 받은 사람.

晝
낮 **주**

획수 11획 / **부수 日** / **급수 6급**
聿+日+一=붓(聿)으로 해(日) 하나(一)를 그리면 낮이 되니

필순 晝晝晝晝晝晝晝晝晝晝晝

晝夜 (주야)
낮과 밤.

書
글 **서**

획수 10획 / **부수 日** / **급수 6급**
聿+日=붓(聿)으로 적은 말씀(日)이 곧 글이니

필순 書書書書書書書書書書

圖書 (도서)
그림, 글씨, 책 따위를 통틀어 이르는 말.

태권스피드한자

1. 한자의 부수

1획		力	힘 력	女	계집 녀
		勹	쌀 포	子	아들 자
一	한 일	匕	비수 비	宀	집 면
丨	송곳 곤	匚	상자 방	寸	마디 촌
丶	점 주	匸	감출 혜	小	작을 소
丿	삐침 별	十	열 십	尢	절름발이 왕
乙	새 을	卜	점 복	尸	주검 시
亅	갈고리 궐	卩	무릎마다 절	屮	싹 날 철
2획		厂	굴바위 엄	山	뫼 산
		厶	사사로울 사	川	내 천
二	두 이	又	또 우	工	장인 공
亠	머리 두	3획		己	몸 기
人,亻	사람 인			巾	수건 건
儿	어진사람 인	口	입 구	干	방패 간
入	들 입	囗	에워쌀 위	幺	어릴 요
八	여덟 팔	土	흙 토	广	바위집 엄
冂	멀 경	士	선비 사	廴	끌 인
冖	덮을 멱	夂	뒤져 올 치	廾	스물 입
冫	얼음 빙	夊	천천히 걸을 쇠	弋	주살 익
几	책상 궤	夕	저녁 석	弓	활 궁
凵	일 벌릴 감	大	큰 대	彐	돼지머리 계
刀(刂)	칼 도	女	계집 녀	彡	터럭 삼

부수	뜻·음	부수	뜻·음	부수	뜻·음
彳	조금 걸을 **척**	毋	말 **무**	生	날 **생**
心(忄)	마음 **심**	比	견줄 **비**	用	쓸 **용**
		毛	털 **모**	田	밭 **전**
4획		氏	성씨 **씨**	疋	발 **소**
戈	창 **과**	气	기운 **기**	疒	병질 **녁**
戶	지게 **호**	水	물 **수**	癶	걸을 **발**
手(扌)	손 **수**	火	불 **화**	白	흰 **백**
斤	도끼 **근**	爪	손톱 **조**	皮	가죽 **피**
支	가지 **지**	父	아비 **부**	皿	그릇 **명**
攴(攵)	칠 **복**	爻	본받을 **효**	目	눈 **목**
文	글월 **문**	爿	장수 **장**	矛	창 **모**
斗	말 **두**	片	조각 **편**	石	돌 **석**
方	모 **방**	牙	어금니 **아**	矢	화살 **시**
无	이미 **기**	牛	소 **우**	示	보일 **시**
日	날 **일**	犬	개 **견**	禸	짐승발자국 **유**
曰	가로 **왈**	**5획**		禾	벼 **화**
月	달 **월**			穴	구멍 **혈**
木	나무 **목**	玄	검을 **현**	立	설 **립**
欠	하품 **흠**	玉	구슬 **옥**	**6획**	
止	그칠 **지**	瓜	오이 **과**		
歹	죽을사 **변**	瓦	기와 **와**	竹	대 **죽**
殳	뭉둥이칠 **수**	甘	달 **감**	米	쌀 **미**

糸	실 **사**	虫	벌레 **충**	辵(辶)	갈 **착**
缶	질그릇 **부**	角	뿔 **각**	邑	고을 **읍**
罒	그물 **망**	血	피 **혈**	酉	닭 **유**
羊	양 **양**	行	다닐 **행**	釆	나눌 **변**
羽	깃 **우**	襾	덮을 **아**	里	마을 **리**
老	늙을 **로**	衣	옷 **의**	**8획**	
而	말이을 **이**	**7획**			
耒	쟁기 **뢰**			金	쇠 **금**
耳	귀 **이**	見	볼 **견**	長	길 **장**
聿	붓 **율**	言	말씀 **언**	門	문 **문**
肉	고기 **육**	谷	골짜기 **곡**	阜	언덕 **부**
臣	신하 **신**	豆	콩 **두**	隶	미칠 **이**
自	스스로 **자**	豕	돼지 **시**	隹	새 **추**
至	이를 **지**	豸	벌레 **치**	雨	비 **우**
臼	절구 **구**	貝	조개 **패**	靑	푸를 **청**
舌	혀 **설**	赤	붉을 **적**	非	아닐 **비**
舛	어그러질 **천**	走	달릴 **주**	**9획**	
舟	배 **주**	足	발 **족**		
艮	그칠 **간**	身	몸 **신**	面	낯 **면**
色	빛 **색**	車	수레 **차**	革	가죽 **혁**
艸	풀 **초**	辛	매울 **신**	韋	가죽 **위**
虍	범 **호**	辰	별 **진**	韭	부추 **구**

音	소리 **음**	鹿	사슴 **록**	**16획**	
頁	머리 **혈**	麥	보리 **맥**		
首	머리 **수**	麻	삼 **마**	龍	용 **룡**
飛	날 **비**	**12획**		龜	거북 **귀**
食	밥 **식**			**17획**	
風	바람 **풍**	黃	누를 **황**		
香	향기 **향**	黍	기장 **서**	龠	피리 **약**
10획		黑	검을 **흑**		
		黹	바느질할 **치**		
馬	말 **마**	**13획**			
骨	뼈 **골**				
高	높을 **고**	黽	맹꽁이 **맹**		
髟	터럭발 **삼**	鼎	솥 **정**		
鬼	귀신 **귀**	鼓	북 **고**		
鬥	싸울 **투**	鼠	쥐 **서**		
鬯	활집 **창**	**14획**			
鬲	오지병 **격**				
11획		鼻	코 **비**		
		齊	가지런할 **제**		
魚	고기 **어**	**15획**			
鳥	새 **조**				
鹵	소금밭 **로**	齒	이 **치**		

2. 한자의 유형

家族	가족	交通	교통	反對	반대
開放	개방	美術	미술	世界	세계
讀書	독서	石油	석유	時間	시간
本部	본부	勝利	승리	新聞	신문
速度	속도	植木	식목	運動	운동
始作	시작	勇氣	용기	衣服	의복
野球	야구	銀行	은행	電氣	전기
有名	유명	作業	작업	住所	주소
昨年	작년	題目	제목	集合	집합
庭園	정원	直角	직각	平和	평화
地圖	지도	特別市	특별시	會社	회사
出席	출석	形式	형식		
夏服	하복	感動	감동		
角度	각도	急行	급행		

敎室	가르칠 교 / 집 실	四寸	넉 사 / 마디 촌
軍人	군사 군 / 사람 인	三寸	석 삼 / 마디 촌
南大門	남녘 남 / 큰 대 / 문 문	靑年	푸를 청 / 해 년
南北	남녘 남 / 북녘 북	學校	배울 학 / 학교 교
東西	동녘 동 / 서녘 서	兄弟	형 형 / 아우 제
父母	아비 부 / 어미 모	火山	불 화 / 뫼 산

歌手	노래 가 / 손 수		**市場**	저자 시 / 마당 장
教室	가르칠 교 / 집 실		**安心**	편안할 안 / 마음 심
南北	남녘 남 / 북녘 북		**人間**	사람 인 / 사이 간
老母	늙을 로 / 어미 모		**自然**	스스로 자 / 그럴 연
農事	농사 농 / 일 사		**電氣**	번개 전 / 기운 기
洞口	고을 동 / 입 구		**正午**	바를 정 / 낮 오
登校	오를 등 / 학교 교		**左右**	왼 좌 / 오른 우
萬年	일만 만 / 해 년		**住所**	살 주 / 바 소
每日	매양 매 / 날 일		**草木**	풀 초 / 나무 목
四方	넉 사 / 모 방		**春秋**	봄 춘 / 가을 추
算數	셀 산 / 셈 수		**兄弟**	형 형 / 아우 제
世上	인간 세 / 위 상		**孝子**	효도 효 / 아들 자
手足	손 수 / 발 족		**休校**	쉴 효 / 학교 교

歌手 가수 – 노래 부르는 것이 직업인 사람

强弱 강약 – ⑴ 강하고 약함 ⑵ 강자와 약자

今世 금세 – 지금의 세상

多讀 다독 – 많이 읽음

讀書 독서 – 책을 읽음

明日 명일 – 내일

白旗 백기 – 흰 깃발

白紙 백지 – 흰 종이

分業 분업 – 일을 나누어서 함

上衣 상의 – 윗옷

先後 선후 – (1) 앞과 뒤 (2) 먼저와 나중

市長 시장 – 시를 대표하는 사람

失神 실신 – 정신을 잃음

心身 심신 – 몸과 마음

安全 안전 – 위험이나 사고의 걱정이 없음

飮食 음식 – 사람이 먹고 마시는 것

作別 작별 – 헤어짐

昨日 작일 – 어제

長短 장단 – 길고 짧음

前後 전후 – 앞뒤

正答 정답 – 옳은 답

朝夕 조석 – 아침과 저녁

左右 좌우 – 왼쪽과 오른쪽

天地 천지 – 하늘과 땅

草木 초목 – 풀과 나무

秋夕 추석 – 우리나라 명절의 하나

太陽 태양 – 태양계의 중심이 되는 별

平野 평야 – 평평하고 넓은 들판

風向 풍향 – 바람이 불어오는 방향

下校 하교 – 학교에서 집으로 돌아옴

下級生 하급생 – 학년이 낮은 학생

教室 교실 – 학습 활동이 이루어지는 곳
根本 근본 – (1) 풀과 나무의 뿌리 (2) 본바탕 (3) 지나온 환경이나 혈통
百姓 백성 – 일반 국민
白衣 백의 – 흰 옷
四方 사방 – (1) 동서남북의 네 방위 (2) 여러 곳
成功 성공 – 목적하는 것을 이룸
失明 실명 – 시력을 잃어 앞을 보지 못함
野生 야생 – 산이나 들에서 사람의 영향 없이 나고 자람
言語 언어 – 말
衣服 의복 – 옷
題目 제목 – 문서나 강연 등의 내용을 나타내는 함축적인 단어
地圖 지도 – 땅의 모양과 상태를 일정한 축척에 의해 평면에 나타낸 그림
靑年 청년 – 나이 20세 정도의 남자
特別 특별 – 보통과 구별되게 다름
漢江 한강 – 강원도에서 시작하여 서울을 가로지르는 강
孝道 효도 – 부모를 정성껏 섬기는 일
計算 계산 – (1) 수를 셈 (2) 가격을 치름
古今 고금 – 예전과 지금
高度 고도 – 물체의 높이 / 수준이 뛰어나게 높음
區別 구별 – 성질이나 종류에 따라 나누어 놓음
國軍 국군 – 적으로부터 나라를 보호하기 위해 만든 군대
南北 남북 – 남쪽과 북쪽
道路 도로 – 차나 사람이 다닐 수 있도록 만들어 놓은 넓은 길
里長 이장 – 행정 구역인 마을을 대표하는 사람

부록

別名 별명 – 사람의 특징을 바탕으로 본래의 이름 대신에 붙여 부르는 이름
病者 병자 – 병이 들어 아픈 사람
北向 북향 – 북쪽으로 향함
溫風 온풍 – 따뜻한 바람
正午 정오 – 낮 12시
幸運 행운 – 좋은 운수
活動 활동 – (1) 행동함 (2) 성과를 거두기 위해 노력함

한자의 동음이의자(同音異義字)를 찾는 유형

班 나눌 반 ⇔ **半** 반 반　　**使** 부릴 사 ⇔ **社** 모일 사
在 있을 재 ⇔ **才** 재주 재　　**全** 온전할 전 ⇔ **戰** 싸움 전

한자의 반대자(反對者)를 찾는 유형

苦 쓸 고 ⇔ **樂** 즐거울 락　　**問** 물을 문 ⇔ **答** 대답 답
老 늙을 로 ⇔ **少** 적을 소　　**手** 손 수 ⇔ **足** 발 족
言 말씀 언 ⇔ **行** 다닐 행　　**長** 길 장 ⇔ **短** 짧을 단
遠 멀 원 ⇔ **近** 가까울 근　　**前** 앞 전 ⇔ **後** 뒤 후
前 앞 전 ⇔ **後** 뒤 후　　**朝** 아침 조 ⇔ **夕** 저녁 석
晝 낮 주 ⇔ **夜** 밤 야　　**春** 봄 춘 ⇔ **秋** 가을 추
內 안 내 ⇔ **外** 바깥 외　　**兄** 형 형 ⇔ **弟** 아우 제
多 많을 다 ⇔ **少** 적을 소

한자의 유의자(類義字)를 찾는 유형

身 몸 신 = **體** 몸 체   　**文** 글월 문 = **章** 글 장
衣 옷 의 = **服** 옷 복   　**言** 말씀 언 = **語** 말씀 어
村 마을 촌 = **里** 마을 리

한자어(漢字語)를 완성하는 유형

計算書 계산서 – 계산한 내용을 자세히 적은 서류
高速道路 고속도로 – 차의 빠른 통행을 위하여 만든 자동차 전용도로
區郡邑面 구군읍면 – 구, 군, 읍, 면
九死一生 구사일생 – 죽을 고비를 여러 차례 넘기고 겨우 살아남
男女老少 남녀노소 – 남자와 여자, 늙은이와 젊은이라는 뜻으로,
　　　　　　　　　　　　모든 사람을 말함
大明天地 대명천지 – 아주 환하게 밝은 세상
東問西答 동문서답 – 물음과는 전혀 상관 없는 엉뚱한 대답
山戰水戰 산전수전 – 산에서도 싸우고 물에서도 싸웠다는 뜻으로,
　　　　　　　　　　　　세상의 온갖 고생과 어려움을 다 겪었음을 말함
東西南北 동서남북 – 동, 서, 남, 북
同姓同本 동성동본 – 성(姓)과 본관이 모두 같음
萬百姓 만백성 – 나라 안의 모든 백성
門下生 문하생 – 문하에서 배우는 제자
百發百中 백발백중 – 백 번 쏘아 백 번 맞힌다는 뜻
山川草木 산천초목 – 산과 내와 풀과 나무
世界平和 세계평화 – 온 세상이 평온하고 화목함

부록

時事用語	시사용어	–	당시에 일어난 여러 가지 사회적 사건에 관련된 용어
十中八九	십중팔구	–	열 가운데 여덟이나 아홉 정도로 거의 대부분이거나 거의 틀림없음
野生動物	야생동물	–	산이나 들에서 저절로 나서 자라는 동물
年中行事	연중행사	–	해마다 일정한 시기를 정하여 놓고 하는 행사
一長一短	일장일단	–	일면의 장점과 다른 일면의 단점
子孫萬代	자손만대	–	오래도록 내려오는 여러 대
作心三日	작심삼일	–	단단히 먹은 마음이 사흘을 가지 못한다는 뜻으로, 결심이 굳지 못함을 말함
電光石火	전광석화	–	번갯불이나 부싯돌의 불이 번쩍이는 것과 같이 매우 짧은 시간이나 매우 재빠른 움직임을 말함
淸風明月	청풍명월	–	맑은 바람과 밝은 달
春夏秋冬	춘하추동	–	봄, 여름, 가을, 겨울의 네 계절
土木工事	토목공사	–	땅과 하천 따위를 고쳐 만드는 공사
特別活動	특별활동	–	학교 교육 과정에서 교과 학습 이외의 교육 활동

표시된 한자는 8급용 한자이고, *는 7급용 한자입니다.

*歌	노래 **가**	果	실과 **과**	金	쇠 **금**, 성 **김**
*家	집 **가**	科	과목 **과**	*男	사내 **남**
角	뿔 **각**	光	빛 **광**	南	남녘 **남**
各	각각 **각**	教	가르칠 **교**	*內	안 **내**
*間	사이 **간**	校	학교 **교**	女	계집 **녀**
感	느낄 **감**	交	사귈 **교**	年	해 **년**
強	굳셀 **강**	*口	입 **구**	*農	농사 **농**
*江	강 **강**	球	공 **구**	多	많을 **다**
開	열 **개**	九	아홉 **구**	短	짧을 **단**
*車	수레 **거**, 수레 **차**	區	구분할 **구**	*答	대답할 **답**
京	서울 **경**	國	나라 **국**	堂	집 **당**
界	지경 **계**	郡	고을 **군**	大	큰 **대**
計	셈 **계**	軍	군사 **군**	對	대답할 **대**
高	높을 **고**	近	가까울 **근**	待	기다릴 **대**
古	옛 **고**	根	뿌리 **근**	代	대신할 **대**
苦	쓸 **고**	今	이제 **금**	*道	길 **도**
功	공 **공**	急	급할 **급**	度	법도 **도**
公	공평할 **공**	級	등급 **급**	圖	그림 **도**
*空	빌 **공**	*旗	기 **기**	讀	읽을 **독**
共	한가지 **공**	*氣	기운 **기**	*洞	골 **동**
*工	장인 **공**	*記	기록할 **기**	童	아이 **동**

*冬	겨울 동	萬	일만 만	*方	모 방
東	동녘 동	*每	매양 매	放	놓을 방
*動	움직일 동	*面	낯 면	*百	일백 백
*同	한가지 동	*名	이름 명	白	흰 백
頭	머리 두	明	밝을 명	番	차례 번
*登	오를 등	*命	목숨 명	別	다를 별
等	무리 등	母	어미 모	病	병 병
樂	즐거울 락	目	눈 목	服	옷 복
*來	올 래	木	나무 목	本	근본 본
*力	힘 력	*文	글월 문	*夫	지아비 부
例	법식 례	聞	들을 문	部	떼 부
禮	예도 례	門	문 문	父	아비 부
*老	늙을 로	*問	물을 문	北	북녘 북
路	길 로	*物	물건 물	分	나눌 분
綠	푸를 록	美	아름다울 미	*不	아닐 불
六	여섯 륙	米	쌀 미	社	모일 사
利	이로울 리	民	백성 민	四	넉 사
李	오얏 리	朴	성 박	死	죽을 사
理	다스릴 리	反	돌이킬 반	使	하여금 사
*里	마을 리	班	나눌 반	*事	일 사
*林	수풀 리	半	반 반	山	뫼 산
*立	설 립	發	필 발	*算	셈할 산

三	석 삼	*數	셈 수	愛	사랑 애
*上	위 상	樹	나무 수	野	들 야
*色	빛 색	*手	손 수	夜	밤 야
省	살필 성, 덜 생	水	물 수	藥	약 약
生	날 생	術	재주 술	弱	약할 약
西	서녘 서	習	익힐 습	陽	볕 양
書	글 서	勝	이길 승	洋	큰바다 양
*夕	저녁 석	*時	때 시	*語	말씀 어
席	자리 석	始	비로소 시	言	말씀 언
石	돌 석	*市	저자 시	業	업 업
線	줄 선	*植	심을 식	*然	그럴 연
先	먼저 선	*食	밥 식	英	꽃부리 영
雪	눈 설	式	법 식	永	길 영
*姓	성 성	神	귀신 신	五	다섯 오
成	이룰 성	身	몸 신	*午	낮 오
*世	인간 세	新	새 신	溫	따뜻할 온
*少	적을 소	信	믿을 신	王	임금 왕
*所	바 소	失	잃을 실	外	바깥 외
小	작을 소	室	집 실	勇	날랠 용
消	사라질 소	*心	마음 심	用	쓸 용
速	빠를 속	十	열 십	*右	오른쪽 우
孫	손자 손	*安	편안할 안	運	옮길 운

遠	멀 원		*字	글자 자		*左	왼쪽 좌
園	동산 원		作	지을 작		*住	살 주
月	달 월		昨	어제 작		注	부을 주
油	기름 유		*場	마당 장		晝	낮 주
由	말미암을 유		長	길 장		*主	주인 주
*有	있을 유		章	글 장		中	가운데 중
*育	기를 육		在	있을 재		*重	무거울 중
銀	은 은		才	재주 재		*地	땅 지
飮	마실 음		*前	앞 전		*紙	종이 지
音	소리 음		*電	번개 전		*直	곧을 직
*邑	고을 읍		戰	싸움 전		集	모을 집
意	뜻 의		*全	온전할 전		窓	창 창
衣	옷 의		*正	바를 정		*千	일천 천
醫	의원 의		定	정할 정		*川	내 천
二	두 이		庭	뜰 정		*天	하늘 천
人	사람 인		第	차례 제		靑	푸를 청
日	날 일		弟	아우 제		淸	맑을 청
一	한 일		題	제목 제		體	몸 체
*入	들 입		朝	아침 조		*草	풀 초
者	놈 자		*祖	할아비 조		寸	마디 촌
*子	아들 자		族	겨레 족		*村	마을 촌
*自	스스로 자		*足	발 족		*秋	가을 추

*春	봄 춘	向	향할 향	
*出	날 출	現	나타날 현	
親	친할 친	兄	맏 형	
七	일곱 칠	形	모양 형	
太	클 태	號	이름 호	
土	흙 토	火	불 화	
通	통할 통	*花	꽃 화	
特	특별할 특	和	화할 화	
八	여덟 팔	*話	말씀 화	
*便	편할 편	*活	살 활	
*平	평평할 평	黃	누를 황	
表	겉 표	會	모을 회	
風	바람 풍	劃	그림 화, 그을 획	
*夏	여름 하	*孝	효도 효	
*下	아래 하	*後	뒤 후	
學	배울 학	訓	가르칠 훈	
*漢	한수 한	*休	쉴 휴	
韓	나라이름 한			
合	합할 합			
*海	바다 해			
行	다닐 행			
幸	다행 행			

4. 한자능력검정시험 안내

한자능력검정시험은 한자 활용 능력을 측정하는 시험으로 공인급수시험(1급, 2급, 3급, 3급Ⅱ)과 교육급수시험(4급, 4급Ⅱ, 5급, 6급, 6급Ⅱ, 7급, 8급)으로 나뉘어져 1년에 3번 실시합니다.

응시자격은 특급, 특급Ⅱ는 본회 1급 합격자만 지원할 수 있습니다.(제38회부터 적용)

1급~8급은 재학 여부, 학력, 소속, 연령, 국적 등에 상관없이 원하는 급수에 응시할 수 있습니다.

자세한 내용은 시행처인 한국한자능력검정회 홈페이지(http://www.hangum.re.kr)를 참조하시기 바랍니다.

어떤 문제가 나올까요?

각 급수별로 문제 유형은 아래 표와 같습니다.

구 분	1급	2급	3급	3급Ⅱ	4급	4급Ⅱ	5급	6급	6급Ⅱ	7급	8급
읽기 배정 한자	3,500	2,355	1,817	1,400	1,000	750	500	300	300	150	50
쓰기 배정 한자	2,005	1,817	1,000	750	500	400	300	150	50	0	0
독 음	50	45	45	45	30	35	35	33	32	32	24
훈 음	32	27	27	27	22	22	23	22	29	30	24
장단음	10	5	5	5	5	0	0	0	0	0	0
반의어	10	10	10	10	3	3	3	3	2	2	0
완성형	15	10	10	10	5	5	4	3	2	2	0
부 수	10	5	5	5	3	3	0	0	0	0	0
동의어	10	5	5	5	3	3	3	2	0	0	0
동음이의어	10	5	5	5	3	3	3	2	0	0	0
뜻풀이	10	5	5	5	3	3	3	2	2	2	0
필 순	0	0	0	0	0	0	3	3	3	2	2
약자, 속자	3	3	3	3	3	3	3	0	0	0	0
한자쓰기	40	30	30	30	20	20	20	20	10	0	0

합격 기준표

구 분	1급	2급	3급	3급 II	4급	4급 II	5급	6급	6급 II	7급	8급
출제 문항수	200	150	150	150	100	100	100	90	80	70	50
합격 문항 수	160	105	105	105	70	70	70	63	56	49	35
시험시간	90분	60분			50분						

급수를 따면 어떤 점이 좋을까요?

★ 경제5단체에서 2004년부터 신입사원 채용 시 한자능력 평가

★ 3급 이상부터 한자능력검정시험 급수증으로 대학입시 수시모집 및 특별전형에 응시

★ 2005학년부터 수능 선택 과목으로 한문 과목 지정

★ 언론사, 일반 기업체 인사고과에도 한자능력 중시

★ 우리말은 한자어가 70%를 차지하므로 한자를 이해하면 개념에 대한 이해가 훨씬
　빨라져 학업 능률이 향상됨

5. 한자능력검정시험 모의고사

(1) 다음 한자의 독음을 쓰세요.(1~30)

〈보기〉 天地 ⇨ 천지

1. 世代 ⇨ (   )　　11. 數學 ⇨ (   )　　21. 姓名 ⇨ (   )
2. 孝子 ⇨ (   )　　12. 天下 ⇨ (   )　　22. 孝道 ⇨ (   )
3. 所有 ⇨ (   )　　13. 食堂 ⇨ (   )　　23. 平等 ⇨ (   )
4. 草綠 ⇨ (   )　　14. 每日 ⇨ (   )　　24. 敎室 ⇨ (   )
5. 學校 ⇨ (   )　　15. 韓國 ⇨ (   )　　25. 父母 ⇨ (   )
6. 江村 ⇨ (   )　　16. 敎育 ⇨ (   )　　26. 兄弟 ⇨ (   )
7. 便利 ⇨ (   )　　17. 山海 ⇨ (   )　　27. 科目 ⇨ (   )
8. 市場 ⇨ (   )　　18. 道路 ⇨ (   )　　28. 白米 ⇨ (   )
9. 先頭 ⇨ (   )　　19. 花草 ⇨ (   )　　29. 所聞 ⇨ (   )
10. 邑內 ⇨ (   )　　20. 區間 ⇨ (   )　　30. 軍人 ⇨ (   )

(2) 다음 한자의 훈과 음을 쓰세요.(31~50)

〈보기〉 天 ⇨ 하늘 천

31. 春 ⇨ (   )　36. 世 ⇨ (   )　41. 中 ⇨ (   )　46. 月 ⇨ (   )
32. 角 ⇨ (   )　37. 頭 ⇨ (   )　42. 王 ⇨ (   )　47. 國 ⇨ (   )
33. 學 ⇨ (   )　38. 門 ⇨ (   )　43. 年 ⇨ (   )　48. 急 ⇨ (   )
34. 校 ⇨ (   )　39. 感 ⇨ (   )　44. 海 ⇨ (   )　49. 金 ⇨ (   )
35. 李 ⇨ (   )　40. 里 ⇨ (   )　45. 木 ⇨ (   )　50. 土 ⇨ (   )

51. 무엇보다 <u>문자</u>는 역사를 기록하는 가장 기본적인 도구였다.

52. 우리 <u>오후</u>에 만나자.

53. 공부를 <u>매일</u> 하자.

54. <u>휴지</u>를 아무 데나 버리지 말자.

55. 시험지 위에 <u>성명</u>을 꼭 쓰자.

56. <u>교실</u>에서 시끄럽게 떠들지 말자.

57. 동서<u>남북</u> 사방으로 흩어졌다.

58. <u>좌우</u>를 잘 살펴보자.

59. 이번에 <u>외국</u>여행을 떠나자.

60. 뭐니 뭐니 해도 <u>안전</u>이 최고다.

〈보기〉 ①問 ②近 ③東 ④各 ⑤果 ⑥道 ⑦高 ⑧理 ⑨學 ⑩中

61. 가운데 중(　)　62. 높을 고 (　)　63. 길　도　(　)
64. 물을 문 (　)　65. 가까울 근(　)　66. 각각 각 (　)
67. 실과 과 (　)　68. 다스릴 리(　)　69. 배울 학 (　)
70. 동녘 동 (　)

(5) 다음 한자어의 뜻을 쓰세요.(71~74)

71. 問答 ⇨
72. 夕食 ⇨
73. 入場 ⇨
74. 歌手 ⇨

(6) 다음 한자와 음(音)이 같은 한자를 골라 번호를 쓰세요.(75~76)

75. 李 ⇨ ① 理 ② 九 ③ 江 ④ 木
76. 名 ⇨ ① 金 ② 方 ③ 命 ④ 白

(7) 다음 한자와 뜻이 같은 한자를 골라 번호를 쓰세요.(77~78)

77. 言 ⇨ ① 語 ② 道 ③ 場 ④ 海
78. 里 ⇨ ① 江 ② 村 ③ 衣 ④ 石

(8) 다음 한자의 획수를 쓰세요.(79~80)

79. 近(　　) 　　　　　　 80. 敎(　　)

한자능력검정시험 모의고사 답안

(1) 세대	(21) 성명	(41) 가운데 중	(61) 10
(2) 효자	(22) 효도	(42) 임금 왕	(62) 7
(3) 소유	(23) 평등	(43) 해 년	(63) 6
(4) 초록	(24) 교실	(44) 바다 해	(64) 1
(5) 학교	(25) 부모	(45) 나무 목	(65) 2
(6) 강촌	(26) 형제	(46) 달 월	(66) 4
(7) 편리	(27) 과목	(47) 나라 국	(67) 5
(8) 시장	(28) 백미	(48) 급할 급	(68) 8
(9) 선두	(29) 소문	(49) 쇠 금	(69) 9
(10) 읍내	(30) 군인	(50) 흙 토	(70) 3
(11) 수학	(31) 봄 춘	(51) 文字	(71) 질문과 대답
(12) 천하	(32) 뿔 각	(52) 午後	(72) 저녁 식사
(13) 식당	(33) 배울 학	(53) 每日	(73) 안으로 들어감
(14) 매일	(34) 학교 교	(54) 休紙	(74) 노래 부르는 사람
(15) 한국	(35) 오얏 리	(55) 姓名	(75) 1
(16) 교육	(36) 세상 세	(56) 敎室	(76) 3
(17) 산해	(37) 머리 두	(57) 南北	(77) 1
(18) 도로	(38) 문 문	(58) 左右	(78) 2
(19) 화초	(39) 느낄 감	(59) 外國	(79) 7획
(20) 구간	(40) 마을 리	(60) 安全	(80) 11획

태권스피드한자 카드학습 이렇게 하자

레벨 띠를 통해 학습 동기부여

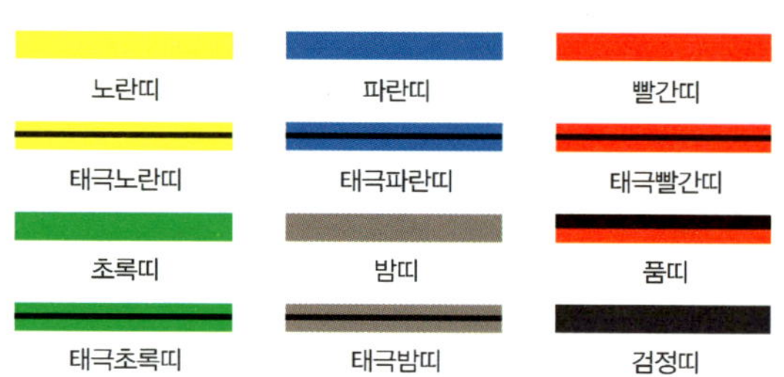

태권스피드한자 카드 그림마다 실제 태권도장에서 활용되고 있는 띠구조를 적용시켜 학습자들이 학습에 대한 동기부여와 흥미를 제시해 준다.

태권스피드한자=태권동작을 활용한 이미지 기억 반복학습

1단계 : 기본학습과정
- 매일 유급자 과정의 양면을 학습한다.
- 제한시간을 주어 읽기 게임으로 진행해 나간다.

2단계 : 기본학습과정 II
- 각 카드의 훈, 음을 제대로 알고 있는지 시간을 측정하여 읽기를 확인한다.

3단계 : 과정학습게임
- 배정된 카드를 학습한 후 관장님(혹은 부모님이나 친구)에게 검증 받거나 스스로 확인하는 1:1게임이다.

4단계 : 띠 인증 게임
- 과정학습게임을 통해 해당 레벨의 인증을 관장님에게 검증 받는다.

1. 게임의 실행

카드제시방법 : 각 36장(유급자용, 유품자용)의 카드를 가로로 한 손에 쥐고 다른 한 손으로 뒤로 넘긴다.
(진행은 관장님, 친구, 부모 등 누구나 할 수 있다)

1) 진행자는 '시작' 신호와 함께 초시계를 작동하고 한 장씩 넘긴다.

2) 태권동작을 제시하여 답을 요구한다.

3) 한자를 제시하여 태권동작을 요구한다.

4) 태권동작 및 한자를 병행해 나가면서 답을 요구한다.

2. '승패'와 '통과'의 결과

1) 관장님의 결정은 제한시간 이내에 읽어야 승(통과)으로 인정한다.

2) 관장님(부모님이나 친구)과의 1:1대결에서는 초기록을 설정한 후 비교하여 승패를 결정한다.

小 작은 사람

노란띠

‘小 작을 소’

‘小는 작을 소’로서 땅속에서 풀싹이 겨우 돋아난 작고 어린 모양을 뜻한다.

태권도에서 작은 사람과 큰 사람이 겨루기를 하면 큰 사람이 유리하지만 ‘작은 고추가 맵다’는 우리의 속담처럼 얕봐서는 안 된다.

八 턴차기

노란띠

‘八 여덟 팔’

‘八은 여덟 팔’로서 손가락을 네 개씩 편 모양을 뜻한다.

태권도에서의 턴차기 격파는 물체를 여러 방향으로 퍼져 나가게 만든다.

用 미트

노란띠

‘用 쓸 용’

‘用은 쓸 용’자로서 거북의 등 껍데기를 본뜬 글자이다. 또한 물건이나 사람을 부린다는 뜻으로도 쓰인다.

미트는 태권도 발차기 연습에 주로 많이 사용된다.

雨 태권도 정신

태극노란띠

‘雨 비 우’

‘雨는 비 우’자로서 하늘 밑 구름에서 물방울이 떨어지는 모양을 뜻한다.

주로 비와 관련이 있으며 비가 많이 내려도 태권도 정신으로 인내를 생각하며 결석하지 않고 태권도장에 간다.

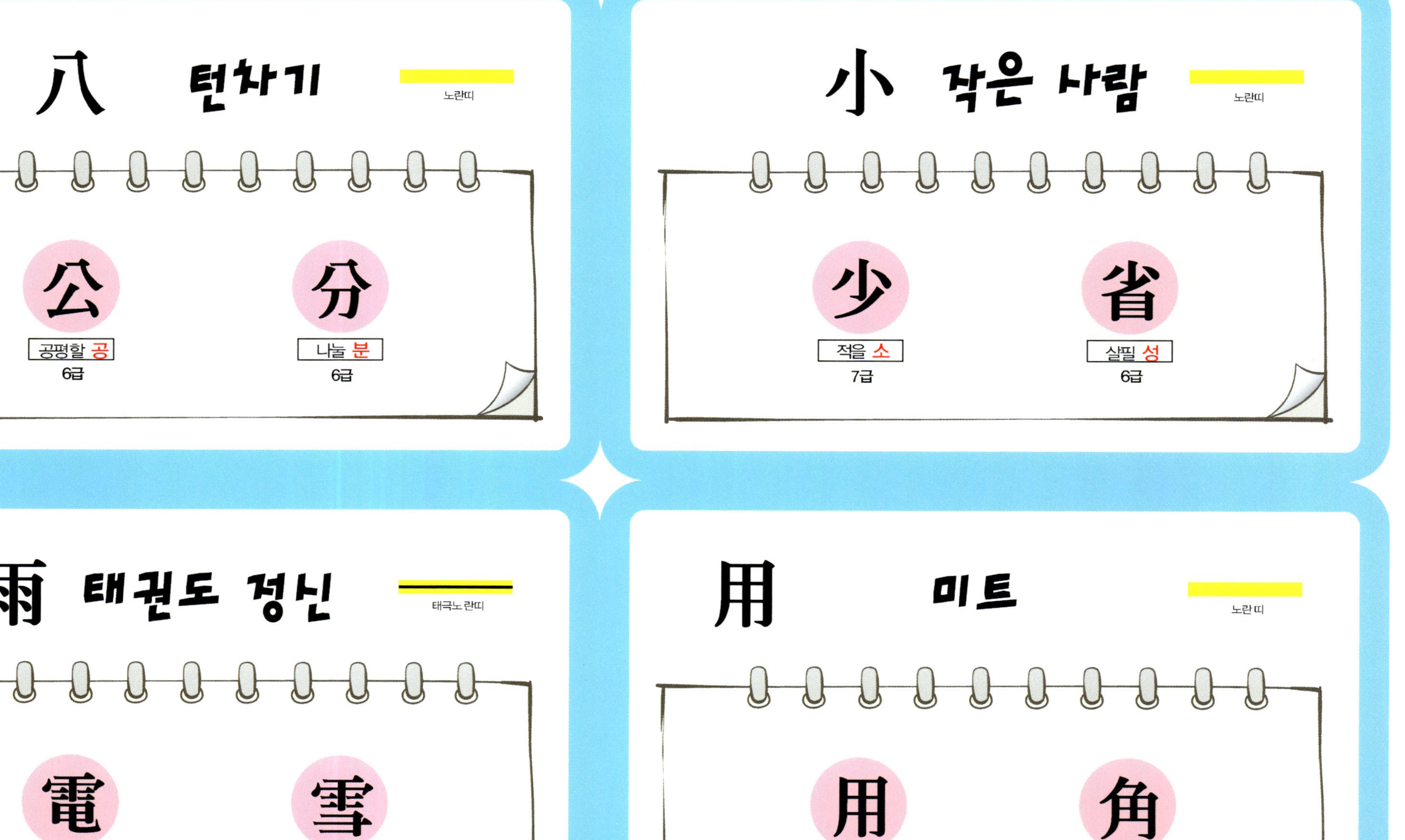

八 턴차기
노란띠
公 공평할 공 6급
分 나눌 분 6급

小 작은 사람
노란띠
少 적을 소 7급
省 살필 성 6급

雨 태권도 정신
태극노란띠
電 번개 전 7급
雪 눈 설 6급

用 미트
노란띠
用 쓸 용 6급
角 뿔 각 6급

女 격파모습

'女 계집 녀'

'女는 계집 녀'로서 두 손을 얌전히 모으고 앉아 있는 여자의 모양을 본뜬 것이다.

태권도장에서는 여자 수련생들도 어려운 격파를 할 수 있다.

夕 어둠품새

'夕 저녁 석'

'夕은 저녁 석'으로서 '月'에서 한 획을 뺀 글자로 해질 무렵인 황혼녘을 뜻한다.

밤과 관련된 뜻으로, 어둠 속에서도 태권도 품새를 할 수 있다.

口 태권웅변

'口 입 구'

'口는 입 구'자로서 입의 모양을 본뜬 글자이다.

태권도에서 발표할 때에는 크게, 또박또박 자신 있게 말해야 한다.

大 메달시상닉

'大 큰 대'

'大는 큰 대'자로서 양팔을 벌리고 서 있는 사람의 모습을 형상화한 글자이다.

태권도시상식에서 환호하는 모습과 비슷하다.

夕 어둠품새 태극노란띠

冬	外	多
겨울 동	바깥 외	많을 다
7급	8급	6급

女 격파모습 태극노란띠

姓	始
성씨 성	처음 시
7급	6급

大 메달시상식 초록띠

天	太	夫
하늘 천	클 태	지아비 부
7급	6급	7급

口 태권웅변 초록띠

西	右	石
서녁 서	오른 우	돌 석
8급	7급	6급

欠 생활예절

초록띠

'欠 하품 흠'

'欠은 하품 흠'자로서 입을 크게 벌리고 있는 모습을 뜻한다.

윗사람과 같이 있을 때에는 예의를 지켜야 한다.

白 도복색깔

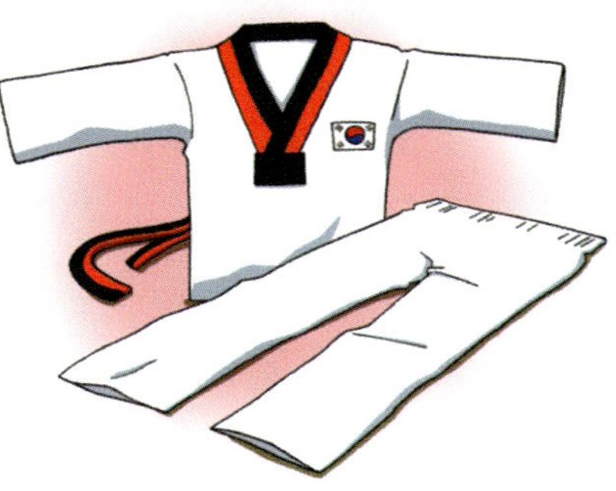

태극초록띠

'白 흰 백'

'白은 흰 백'자로서 달이 비치는 모양을 본뜬 글자로 희고 밝음의 뜻으로 쓰인다.

마치 백의민족을 상징하는 하얀 도복과 일치한다.

牛 황소막기

태극초록띠

'牛 소 우'

'牛는 소 우'자로서 뿔이 있는 소머리의 모습을 본뜬 글자이다.

태권도 품새 동작 중에 황소막기와 비슷하다.

斤 메주먹치기

태극초록띠

'斤 도끼 근'

'斤은 도끼 근'으로 돌도끼의 모습을 본뜬 글자이다.

태권도 동작 중 메주먹치기 동작과 원리가 비슷하다.

白 도복색깔　태극초록띠

百
일백 백
7급

習
익힐 습
6급

欠 생활예절　초록띠

歌
노래 가
7급

飮
마실 음
6급

斤 메주먹치기　태극초록띠

所
바 소
7급

新
새 신
6급

牛 황소막기　태극초록띠

特
특별할 특
6급

物
물건 물
7급

十 평형성 1단계

태극초록띠

'十 열 십'

'十은 열 십'자로서 '一'에서 시작해 한 단이 끝남을 가리키는 '丨'을 그어 나타낸 글자이다.

태권도 수련 중 평형성 운동을 할 때 주로 실시하는 방법 중 하나이다.

亻 기본발차기 뒤차기

파란띠

'亻 사람 인'

'亻 은 사람 인'으로 사람의 모습을 본뜬 글자이다.

태권도장에서의 기본발차기 수련은 매일 연습해야 할 만큼 태권도인에게 상당히 중요하다.

力 돌격파

파란띠

'力 힘 력'

'力은 힘 력'자로서 힘을 쓸 때 근육이 불룩한 모양을 본뜬 글자이다.

주로 힘을 나타내는 글자로 격파시범 중 돌격파는 많은 힘을 필요로 한다.

人 기본발차기 돌려차기

파란띠

'人 사람 인'

'人은 사람 인'으로 사람의 모습을 본뜬 글자이다.

태권도장에서의 기본발차기 수련은 매일 연습해야 할 만큼 태권도인에게 상당히 중요하다.

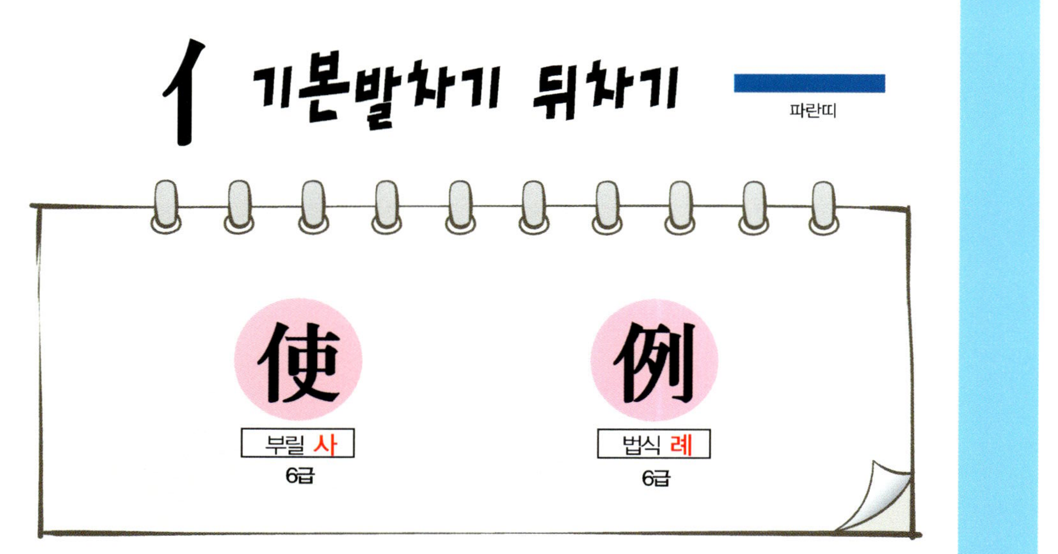
イ 기본발차기 뒤차기
파란띠
使 부릴 사 6급
例 법식 례 6급

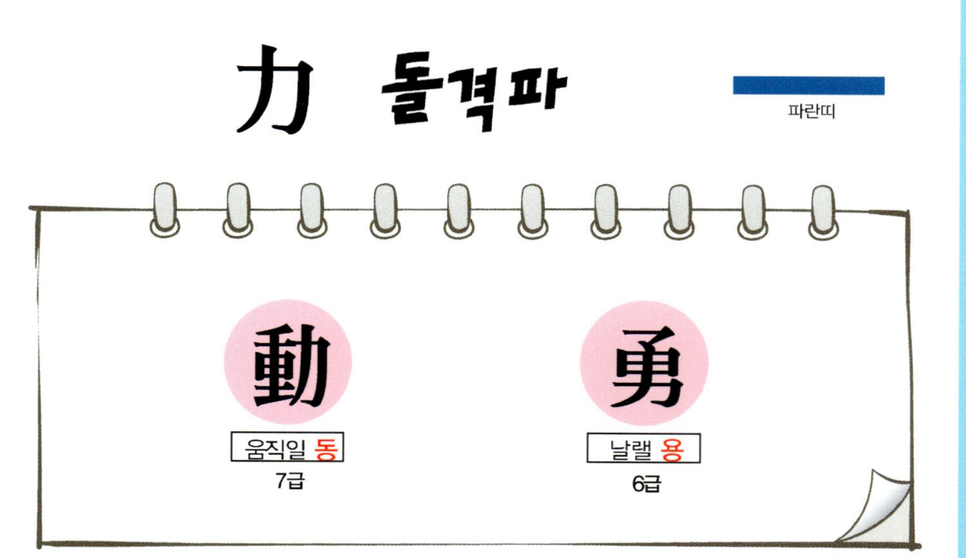
十 평형성 1단계
태극초록띠
才 재주 재 6급
千 일천 천 7급
寸 마디 촌 8급

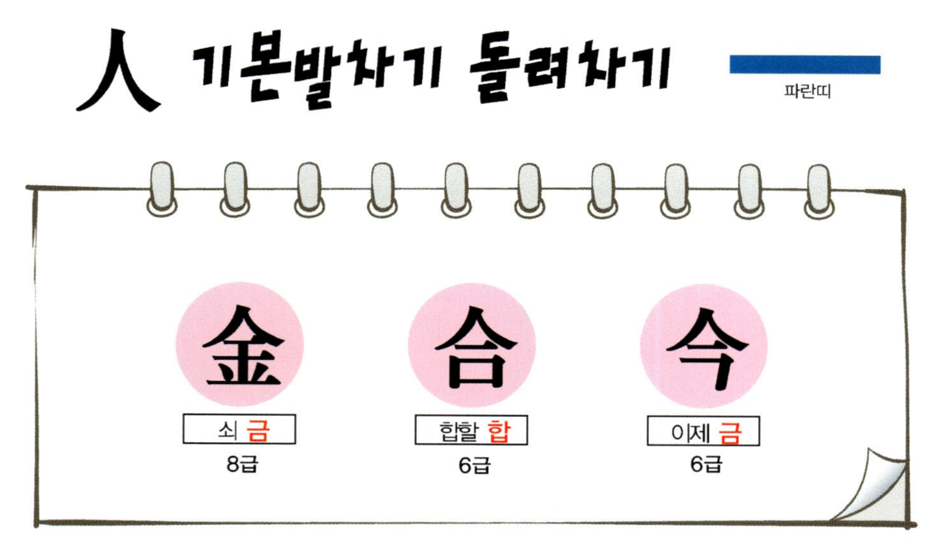
人 기본발차기 돌려차기
파란띠
金 쇠 금 8급
合 합할 합 6급
今 이제 금 6급

力 돌격파
파란띠
動 움직일 동 7급
勇 날랠 용 6급

口 남자초등부 태권웅변

파란띠

‘口 입 구’

‘口’는 입 구’ 자로서 입의 모양을 본뜬 글자이다.

태권도에서 발표할 때에는 크게, 또박또박 자신 있게 말해야 한다.

日 개인 태권줄넘기

태극파란띠

‘日 날 일’

‘日’은 날 일’ 자로서 해의 모습을 본뜬 글자이다.

맑음, 낮과 관련된 글자로서 줄넘기대회는 주로 해가 쨍쨍한 낮에 시작된다.

田 남자 여름캠프

태극파란띠

‘田 밭 전’

‘田’은 밭 전’ 자로서 구획이 잘 되어 있는 밭의 모양을 본뜬 글자이다.

여름 수련 캠프는 논이나 밭에서도 실시되곤 한다.

口 여자초등부 태권웅변

태극파란띠

‘口 입 구’

‘口’는 입 구’ 자로서 입의 모양을 본뜬 글자이다.

태권도에서 발표할 때에는 크게, 또박또박 자신 있게 말해야 한다.

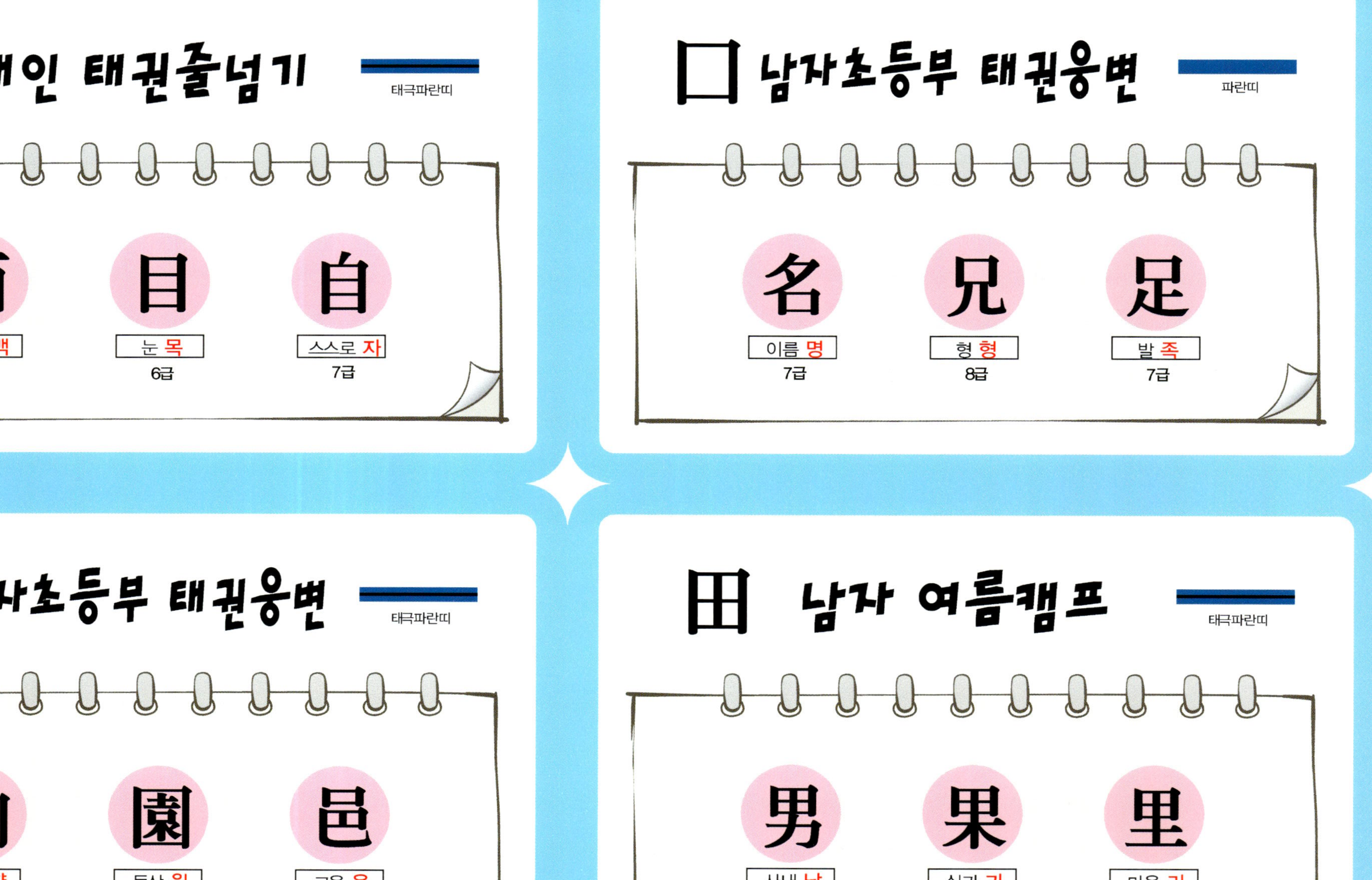
日 개인 태권줄넘기 태극파란띠
百 일백 백 7급
目 눈 목 6급
自 스스로 자 7급

口 남자초등부 태권웅변 파란띠
名 이름 명 7급
兄 형 형 8급
足 발 족 7급

口 여자초등부 태권웅변 태극파란띠
向 향할 향 6급
園 동산 원 6급
邑 고을 읍 7급

田 남자 여름캠프 태극파란띠
男 사내 남 7급
果 실과 과 6급
里 마을 리 7급

王 복근력A

태극파란띠

'王 임금 왕'

'王은 임금 왕' 자로서 가로로 그은 세 개의 선과 세로로 그은 한 개의 선 모양으로 꿰어놓은 끈의 모양을 본뜬 글자이다.

윗몸일으키기 운동을 통해 나타나는 배근육의 모양과 비슷하다.

人 기본발차기 앞차기

파란띠

'人 사람 인'

'人은 사람 인'으로 사람의 모습을 본뜬 글자이다.

태권도장에서의 기본발차기 수련은 매일 연습해야 할 만큼 태권도인에게 상당히 중요하다.

艸 여자 회전낙법

밤띠

'艸 풀 초'

'艸는 풀 초' 자로서 풀이 돋아난 모습을 본뜬 글자이다.

몸의 안전을 위해 낙법시범은 풀이나 잔디 위에서 실시한다.

日 단체 태권줄넘기

밤띠

'日 날 일'

'日은 날 일' 자로서 해의 모습을 본뜬 글자이다.

맑음, 낮과 관련된 글자로서 줄넘기대회는 주로 해가 쨍쨍한 낮에 시작된다.

人 기본발차기 앞차기

파란띠

午	年	食
낮 오	해 년	먹을 식
7급	8급	7급

王 복근력A

태극파란띠

班	主	生
나눌 반	주인 주	날 생
6급	7급	6급

日 단체 태권줄넘기

밤띠

明	時	昨
밝을 명	때 시	어제 작
6급	7급	6급

艹 여자 회전낙법

밤띠

花	共	苦
꽃 화	함께 공	쓸 고
7급	6급	6급

言 사범님

밤띠

'言 말씀 언'

'言은 말씀 언' 자로서 머리로 두 번 생각하고 말해야 한다는 뜻으로 쓰인다.

주로 말과 관련된 글자로 지도자는 늘 정직한 말로 지도해야 한다.

十 평형성 2단계

태극밤띠

'十 열 십'

'十은 열 십' 자로서 '一'에서 시작해 한 단이 끝남을 가리키는 'ㅣ'을 그어 나타낸 글자이다.

태권도 수련 중 평형성 운동을 할 때 주로 실시하는 방법 중 하나이다.

月 개인 야외정기심사

태극밤띠

'月 달 월'

'月은 달 월' 자로서 달의 모습을 형상화해 본뜬 글자이다.

저녁에 달을 보며 정기심사를 실시하는 것도 좋은 추억이 될 수 있다.

田 여자 여름캠프

태극밤띠

'田 밭 전'

'田은 밭 전' 자로서 구획이 잘 되어 있는 밭의 모양을 본뜬 글자이다.

여름 수련 캠프는 논이나 밭에서도 실시되곤 한다.

十 평형성 2단계 — 태극밤띠

平 평평할 평 7급
市 시장 시 7급
半 반 반 6급

言 나범님 — 밤띠

話 말씀 화 7급
訓 가르칠 훈 6급
計 셀 계 6급

田 여자 여름캠프 — 태극밤띠

番 차례 번 6급
界 지경 계 6급
由 말미암을 유 6급

月 개인 야외정기님사 — 태극밤띠

有 있을 유 7급
育 기를 육 7급
朝 아침 조 6급

⼧ 남자 개인훈련

태극밤띠

'⼧ 집 면'

'⼧은 집 면' 자로서 집의 모습을 본뜬 글자이다.

태권도를 더욱 잘하기 위해서는 가정에서도 태권도 연습을 꾸준히 실시해야 한다.

子 아들 자

빨간띠

'子 아들 자'

'子는 아들 자' 로서 어린아이의 모양을 본뜬 글자이다.

대부분의 남자 아이들은 태권도를 수련했거나 수련하고 있다.

⼈ 기본발차기 뒤후리기

빨간띠

'⼈ 사람 인'

'⼈ 은 사람 인'으로 사람의 모습을 본뜬 글자이다.

태권도장에서의 기본발차기 수련은 매일 연습해야 할 만큼 태권도인에게 상당히 중요하다.

⼴ 도장합숙

빨간띠

'⼴ 집 엄'

'⼴은 집 엄' 자로서 바위 집을 형상화한 글자이다.
'⼧'은 작은 집,
'⼴'은 주로 큰 집.

태권도장 안에서의 합숙은 재미있는 추억거리를 많이 남길 수 있다.

子 아들 자

빨간띠

孫	野	學
손자 손	들 야	배울 학
6급	6급	8급

宀 남자 개인훈련

태극밤띠

家	空	室
집 가	빌 공	집 실
7급	7급	8급

广 도장합숙

빨간띠

庭	度	席
뜰 정	법도 도	자리 석
6급	6급	6급

亻 기본발차기 뒤후리기

빨간띠

住	信	代
살 주	믿을 신	대신 대
7급	6급	6급

氵 해양수련 1단계

'氵 물 수'

'氵'는 물 수'자로서 물이 흘러가는 모양을 본뜬 글자이다.

태권도는 바닷가에서도 수련이 가능한 운동이다.

王 복근력 B

'王 임금 왕'

'王은 임금 왕'자로서 가로로 그은 세 개의 선과 세로로 그은 한 개의 선을 꿰어 놓은 끈의 모양을 본뜬 글자이다.

윗몸일으키기 운동을 통해 나타나는 배근육의 모양과 비슷하다.

月 단체품내

'月 달 월'

'月은 달 월'자로서 달의 모습을 형상화한 글자이다.

저녁에 달을 보며 정기심사를 실시하는 것도 좋은 추억이 될 수 있다.

言 관장님

'言 말씀 언'

'言은 말씀 언'자로서 머리로 두 번 생각하고 말해야 한다는 뜻으로 쓰인다.

주로 말과 관련된 글자로 지도자는 늘 정직한 말로 지도해야 한다.

王 복근력B
빨간띠

球	現	理
공 구	나타날 현	다스릴 리
6급	6급	6급

氵 해양수련 1단계
빨간띠

洞	洋	活
마을 동	큰바다 양	살 활
7급	6급	7급

言 관장님
빨간띠

讀	語	記
읽을 독	말씀 어	기록할 기
6급	7급	7급

月 단체품내
빨간띠

服	勝	前
옷 복	이길 승	앞 전
6급	6급	7급

木 위력 주먹격파

품띠(1품)

'木 나무 목'

'木은 나무 목' 자로 한 그루의 나무를 본뜬 글자이다.

태권도 시범이나 행사 시 격파용으로 많이 쓰인다.

口 중등부 태권웅변

품띠(1품)

'口 입 구'

'口는 입 구' 자로서 입의 모양을 본뜬 글자이다.

태권도에서 발표할 때에는 크게, 또박또박 자신 있게 말해야 한다.

氵 해양수련 2단계

품띠(1품)

'氵 물 수'

'氵는 물 수'자로서 물이 흘러가는 모양을 본뜬 글자이다.

태권도는 바닷가에서도 수련이 가능한 운동이다.

一 다리 일자찍기

품띠(1품)

'一 한 일'

'一은 한 일'자로 하나의 가로선을 표시한 글자이다.

마치 태권도 유연성 중 다리 옆으로 벌리기 모양과 비슷하다.

口 중등부 태권응변
품띠(1품)
中 가운데 중 8급
國 나라 국 8급
別 다를 별 6급
木 위력 주먹격파
품띠(1품)
朴 성 박 6급
樹 나무 수 6급
林 수풀 림 7급
一 다리 일자찍기
품띠(1품)
上 윗 상 7급
下 아래 하 7급
不 아니 부 7급
死 죽을 사 6급
氵해양수련 2단계
품띠(1품)
注 부을 주 6급
油 기름 유 6급
消 사라질 소 6급

11

亻 기본발차기 점프앞차기

품띠(2품)

'亻 사람 인'

'亻 은 사람 인'으로 사람의 모습을 본뜬 글자이다.

태권도장에서의 기본발차기 수련은 매일 연습해야 할 만큼 태권도인에게 상당히 중요하다.

十 평형성 3단계

품띠(2품)

'十 열 십'

'十은 열 십'자로서 '一'에서 시작해 한 단이 끝남을 가리키는 'ㅣ'을 그어 나타낸 글자이다.

태권도 수련 중 평형성 운동을 할 때 주로 실시하는 방법 중 하나이다.

木 위력 손날격파

품띠(2품)

'木 나무 목'

'木은 나무 목'자로 한 그루의 나무를 본뜬 글자이다.

태권도 시범이나 행사 시 격파용으로 많이 쓰인다.

立 주춤서기

품띠(2품)

'立 설 립'

'立은 설 립'자로서 한 사람이 땅 위에 서 있는 모양을 형상화한 글자이다.

태권도 동작에서 주춤서기와 비슷하다.

十 평형넝 3단계 품띠(2품)

南	古	直
남녘 남	옛 고	곧을 직
8급	6급	7급

亻 기본발차기 점프앞차기 품띠(2품)

作	休	便
지을 작	쉴 휴	편할 편
6급	7급	7급

立 주춤서기 품띠(2품)

童	部	章	音
아이 동	나눌 부	글 장	소리 음
6급	6급	6급	6급

木 위력 손날격파 품띠(2품)

米	來	村
쌀 미	올 래	마을 촌
6급	7급	7급

12

木 위력 등주먹격파

품띠(3품)

'木 나무 목'

'木은 나무 목' 자로 한 그루의 나무를 본뜬 글자이다.

태권도 시범이나 행사 시 격파용으로 많이 쓰인다.

方 가위차기

품띠(3품)

'方 모 방'

'方은 모 방' 자로서 양쪽 손잡이가 있는 모양을 본뜬 글자이다.

태권도 시범동작 중 가위차기는 양쪽 목표물을 격파할 때 활용되는 기술이다.

門 국기에 대한 예의

품띠(3품)

'門 문 문'

'門은 문 문' 자로서 양쪽의 '문'을 뜻하는 글자이다.

도장 안으로 들어서기 전에 문 앞에서 국기에 대한 예의를 실시하는 것은 태권도인으로서의 기본적인 예의라 할 수 있다.

宀 여자 개인훈련

품띠(3품)

'宀 집 면'

'宀은 집 면' 자로서 집의 모습을 본뜬 글자이다.

태권도를 더욱 잘하기 위해서는 가정에서도 태권도 연습을 꾸준히 해야 한다.

方 가위차기

품띠(3품)

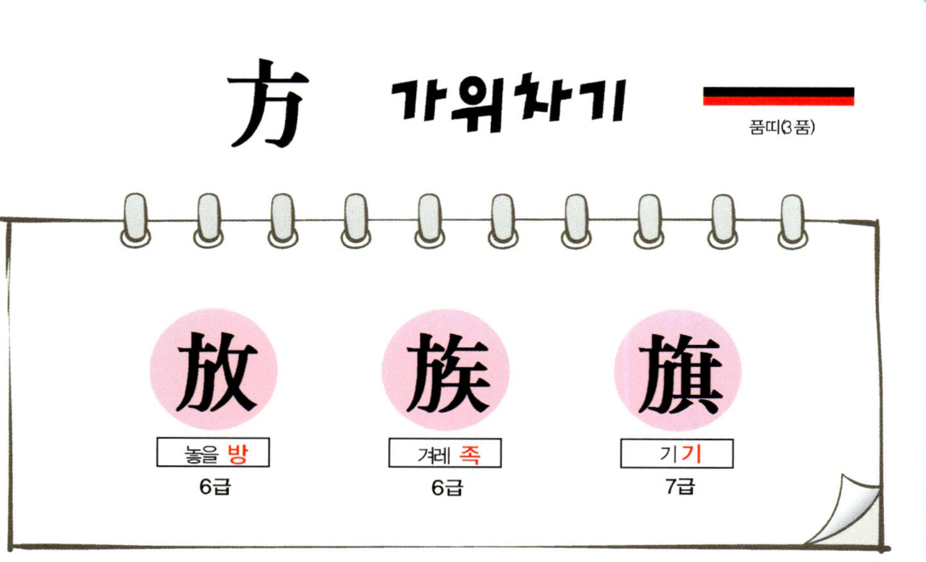

放	族	旗
놓을 방	겨레 족	기 기
6급	6급	7급

木 위력 등주먹격파

품띠(3품)

集	根	校
모일 집	뿌리 근	학교 교
6급	6급	8급

⼧ 여자 개인훈련

품띠(3품)

窓	字	安	定
창 창	글자 자	편안 안	정할 정
6급	7급	7급	6급

門 국기에 대한 예의

품띠(3품)

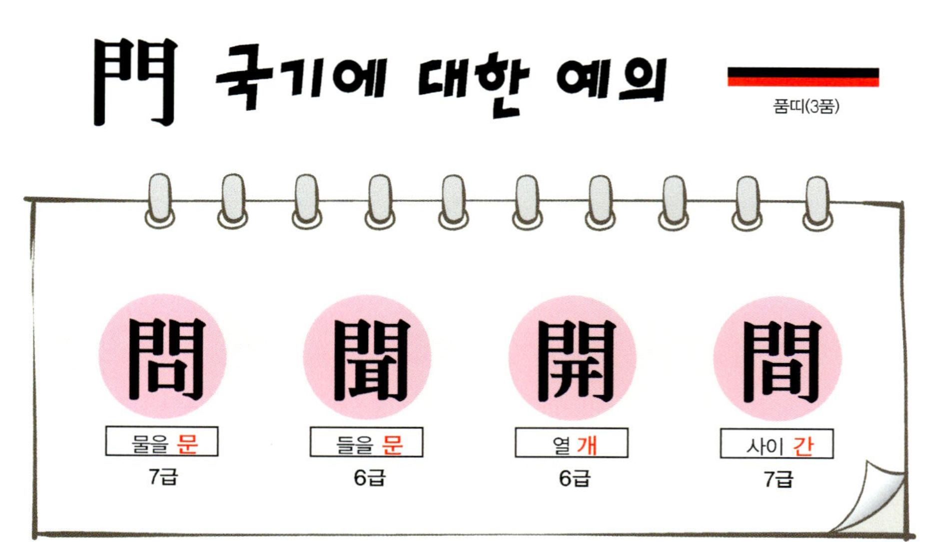
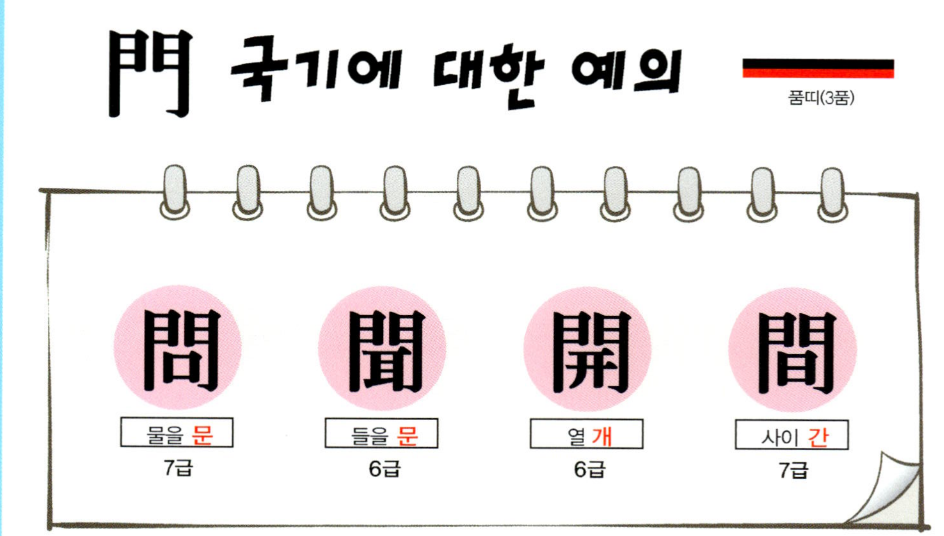

問	聞	開	間
물을 문	들을 문	열 개	사이 간
7급	6급	6급	7급

工 호신술

품띠(3품)

'工 장인 공'

'工은 장인 공'으로 사람들이 쓰는 도구나 물건을 뜻한다.

도구로 인해 위험에 처했을 때는 호신술로 상대를 제압한다.

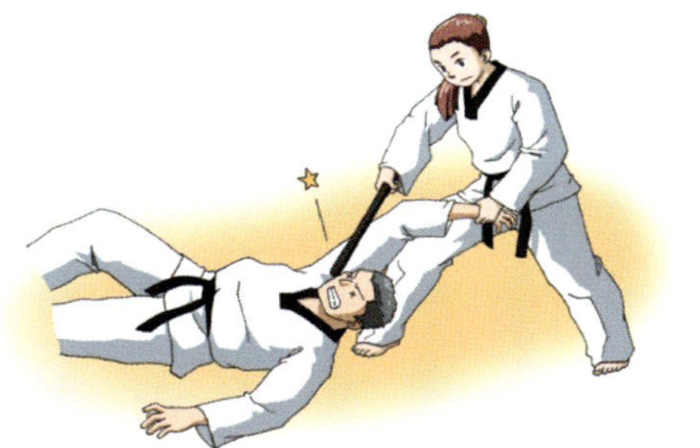

禾 장애물넘기

품띠(4품)

'禾 벼 화'

'禾는 벼 화' 자로서 벼 포기의 모습을 본뜬 글자이다.

태권도 이단옆차기는 벼들을 쉽게 넘을 수 있는 기술로 쓰인다.

土 운동장시범

품띠(4품)

'土 흙 토'

'土는 흙 토'자로서 흙과 관련된 뜻으로 쓰이는 글자이다.

야외 운동장 시범은 대부분 흙에서 보여준다.

人 기본발차기 옆차기

품띠(4품)

'人 사람 인'

'人은 사람 인'자로서 사람의 모습을 본뜬 글자이다.

태권도장에서의 기본발차기 수련은 매일 연습해야 할 만큼 태권도인에게 상당히 중요하다.

禾 장애물넘기
품띠(4품)

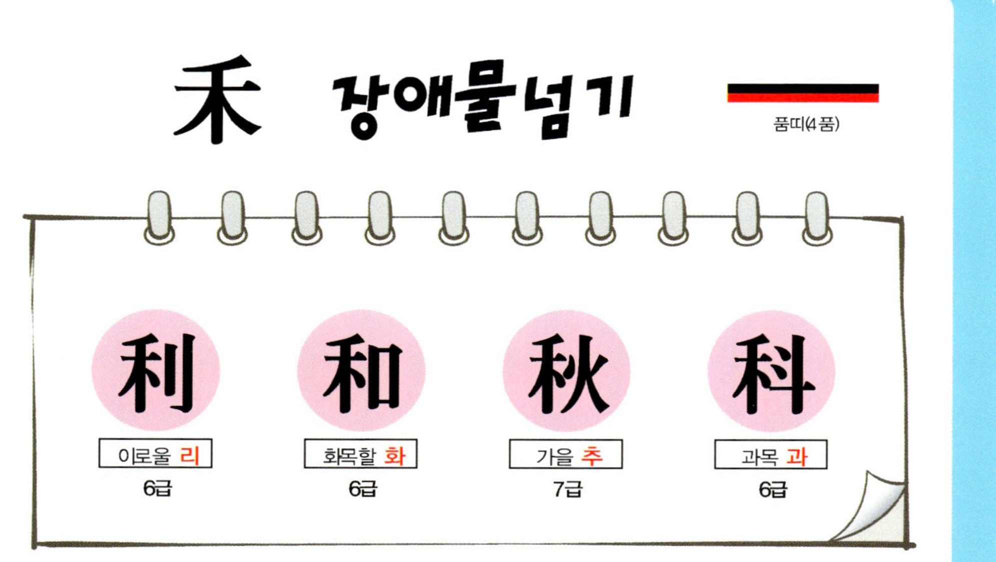

利	和	秋	科
이로울 리	화목할 화	가을 추	과목 과
6급	6급	7급	6급

工 호신술
품띠(3품)

功	式	江	左
공 공	법 식	강 강	왼 좌
6급	6급	7급	7급

人 기본발차기 옆차기
품띠(4품)

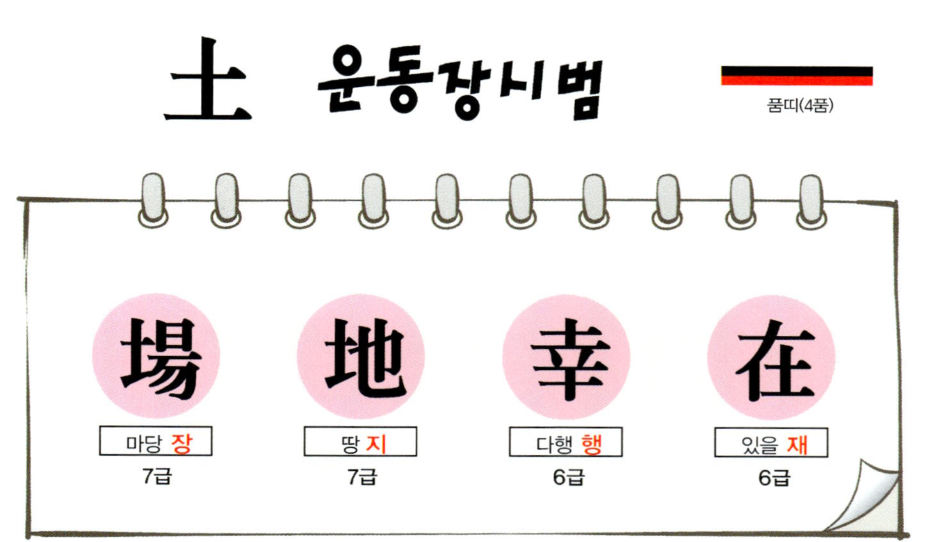

每	命	氣	會
매양 매	목숨 명	기운 기	모일 회
7급	7급	7급	6급

土 운동장시범
품띠(4품)

場	地	幸	在
마당 장	땅 지	다행 행	있을 재
7급	7급	6급	6급

艹 남자 회전낙법

품띠(4품)

'艹 풀 초'

'艹'는 풀 초' 자로서 풀이 돋아난 모습을 본뜬 글자이다.

몸의 안전을 위해 낙법시범은 풀이나 잔디에서 실시한다.

彳 계자리 스텝

품띠(4품)

'彳 걸을 행'

'彳' 은 걸을 행' 자로 거리 또는 '걷다' 와 관련된 글자로 쓰인다.

주로 겨루기, 발차기, 스텝 연습 때 실시한다.

口 고등부 태권웅변

검정띠(1단)

'口 입 구'

'口'는 입 구' 자로서 입의 모양을 본뜬 글자이다.

태권도 시범이나 행사 시 격파용으로 많이 쓰인다.

心 정신수양

검정띠(1단)

'心 마음 심'

'心'은 마음 심' 자로 심장의 모양을 본뜬 글자이다.

명상을 통해 마음의 수련도 해야 한다.

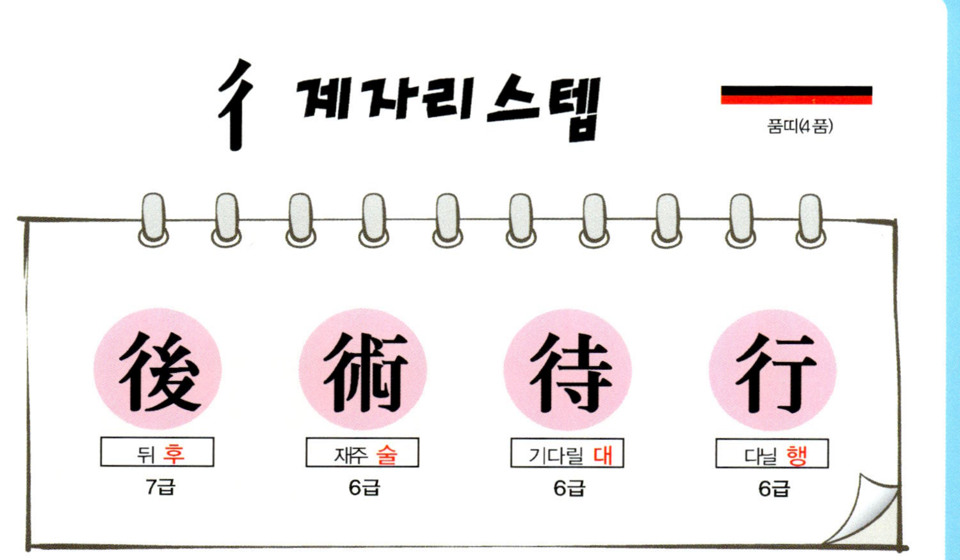
彳 계자리스텝
품띠(4품)
後 뒤 후 7급
術 재주 술 6급
待 기다릴 대 6급
行 다닐 행 6급

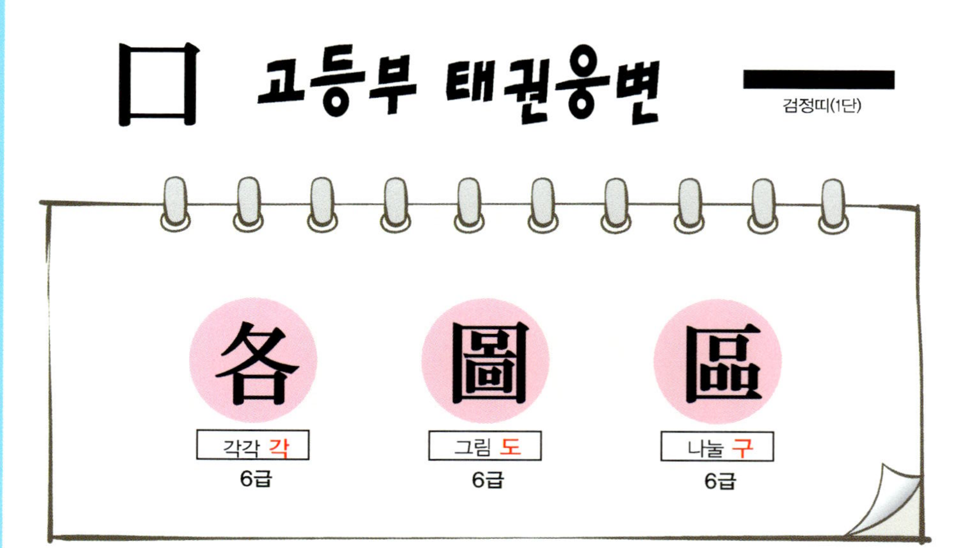
艹 남자 회전낙법
품띠(4품)
英 꽃부리 영 6급
萬 일만 만 8급
藥 약 약 6급
草 풀 초 7급

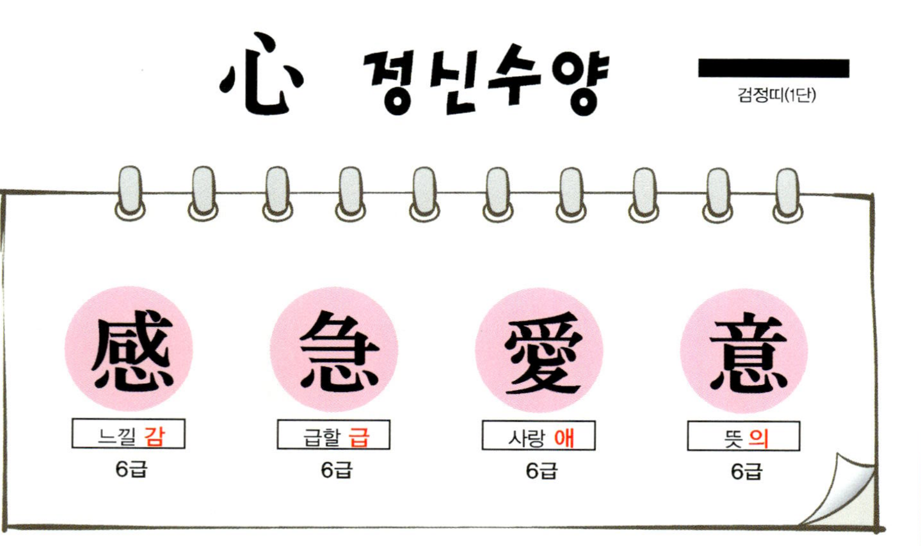
心 정신수양
검정띠(1단)
感 느낄 감 6급
急 급할 급 6급
愛 사랑 애 6급
意 뜻 의 6급

口 고등부 태권웅변
검정띠(1단)
各 각각 각 6급
圖 그림 도 6급
區 나눌 구 6급

糸 줄다리기

'糸 실 사'

'糸 는 실 사' 자로서 실이나 끈 등을 감아놓은 실타래의 모양을 본뜬 글자이다.

여러 개의 태권도 띠를 이용하여 즐거운 게임으로도 활용할 수 있다.

木 위력 팔굽치기격파

'木 나무 목'

'木은 나무 목' 자로 한 그루의 나무를 본뜬 글자이다.

태권도 시범이나 행사 시 격파용으로 많이 쓰인다.

竹 얼굴막기

'竹 대나무 죽'

'竹은 대나무 죽' 자로서 대나무를 본 뜬 글자의 모양이다.

머리를 향해 내려오는 죽도는 태권도 동작 중 얼굴막기로 막을 수 있다.

豆 집중력훈련

'豆 콩 두'

'豆는 콩 두' 자로서 주로 콩과 관련된 의미로 쓰이는 글자이다.

머리 위에 콩을 올려놓고 연습할 때 많은 집중력을 필요로 한다.

木 위력 팔굼치기격파 — 검정띠(1단)

李	本	植	樂
오얏 리	근본 본	심을 식	즐거울 락
6급	6급	7급	6급

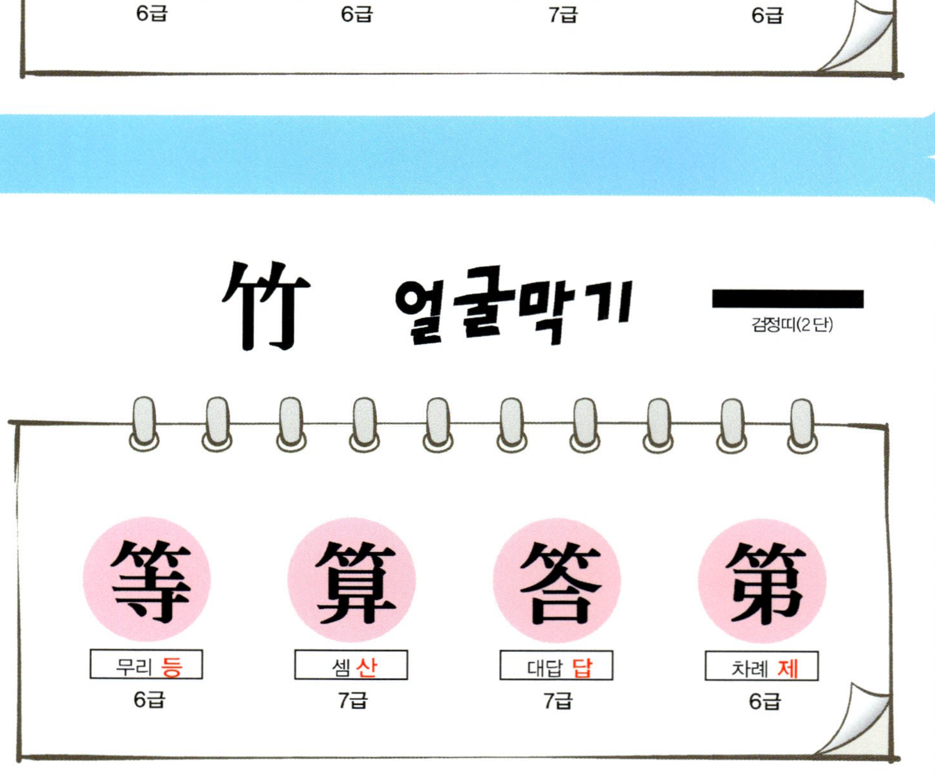

糸 줄다리기 — 검정띠(1단)

線	綠	紙	級
줄 선	푸를 록	종이 지	등급 급
6급	6급	7급	6급

豆 집중력훈련 — 검정띠(2단)

頭	登	短	體
머리 두	오를 등	짧을 단	몸 체
6급	7급	6급	6급

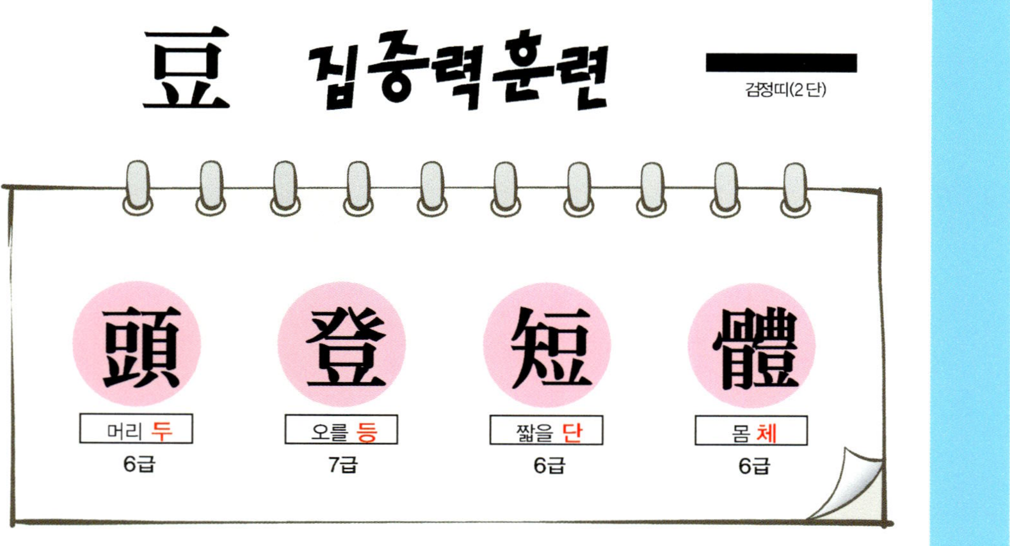

竹 얼굴막기 — 검정띠(2단)

等	算	答	第
무리 등	셈 산	대답 답	차례 제
6급	7급	7급	6급

示 태권관중들

검정띠(2단)

'示 보일 시'

'示'는 보일 시 자로서 '보다'로 널리 쓰이는 글자이다.

태권도 시범 때 격파에 성공하면 관중들은 열렬한 박수를 보내며 환호해 준다.

耂 어르신 태권도

검정띠(3단)

'耂 늙을 로'

'耂'는 늙을 로 자로서 '노인'과 관련된 글자로 쓰인다.

태권도는 남녀노소 누구나 배울 수 있는 운동이다.

氵 해양수련 3단계

검정띠(3단)

'氵 물 수'

'氵'는 물 수 자로서 물이 흘러가는 모양을 본뜬 글자이다.

태권도는 바닷가에서도 수련이 가능한 운동이다.

亠 머리격파

검정띠(3단)

'亠 머리 두'

'亠'는 머리 두 자로서 사람의 머리 모양을 본 뜬 글자이다.

태권도 격파 중 머리로 격파를 하는 사범도 있다.

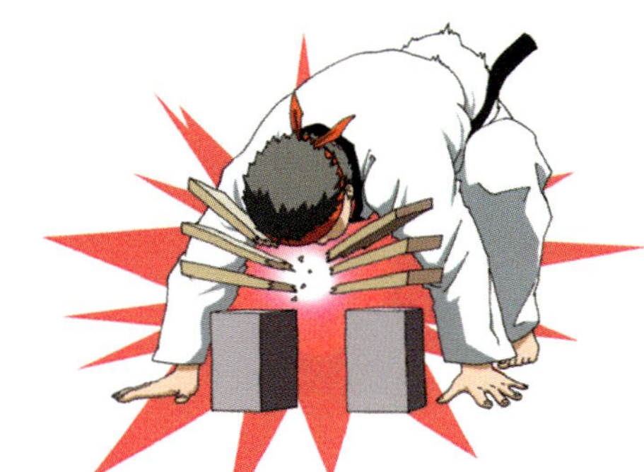

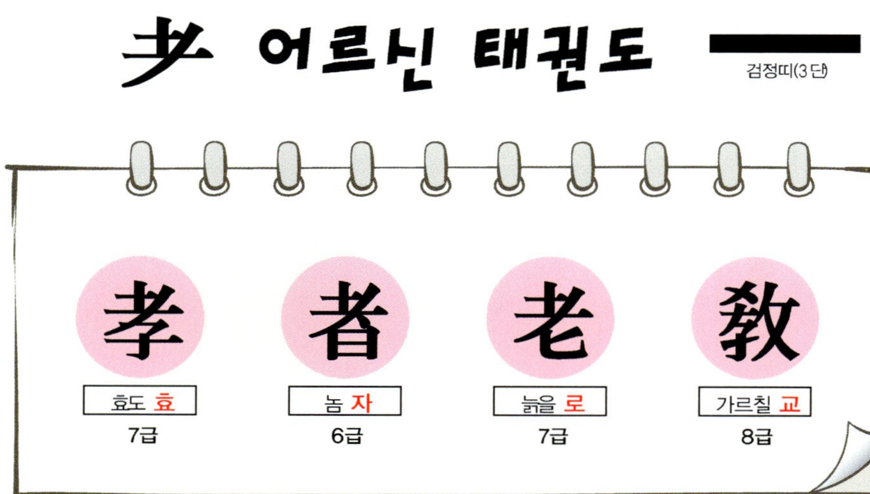

孝 어르신 태권도
검정띠(3단)
孝 효도 효 7급
者 놈 자 6급
老 늙을 로 7급
教 가르칠 교 8급

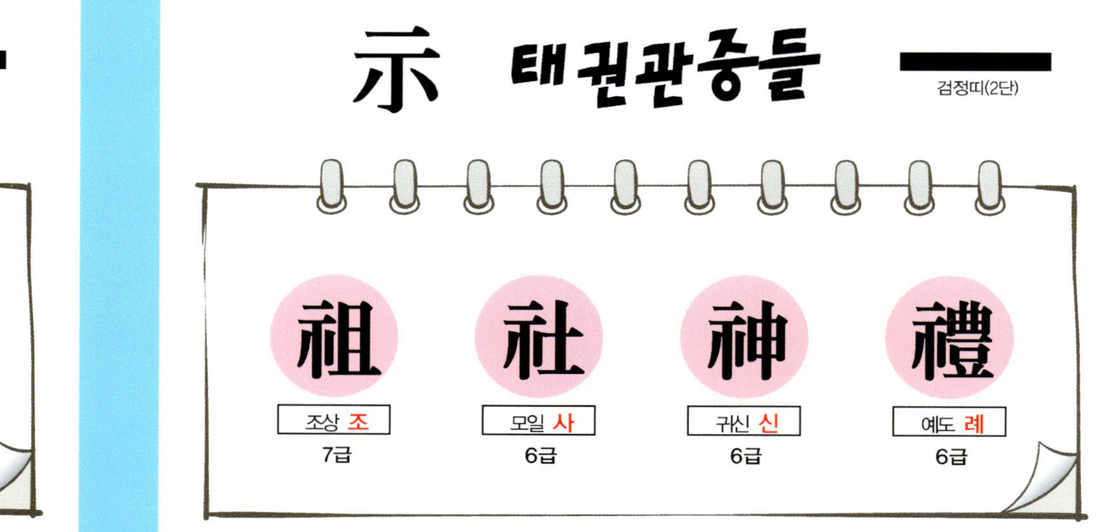

示 태권관중들
검정띠(2단)
祖 조상 조 7급
社 모일 사 6급
神 귀신 신 6급
禮 예도 례 6급

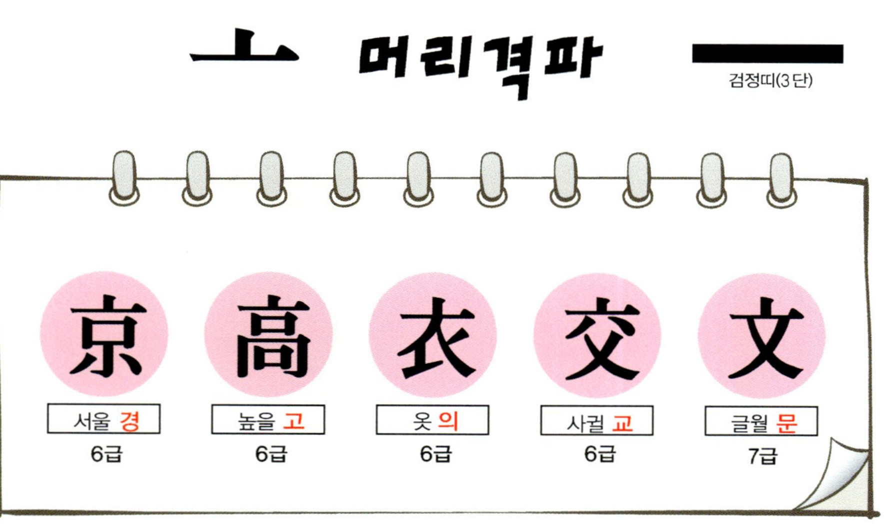

亠 머리격파
검정띠(3단)
京 서울 경 6급
高 높을 고 6급
衣 옷 의 6급
交 사귈 교 6급
文 글월 문 7급

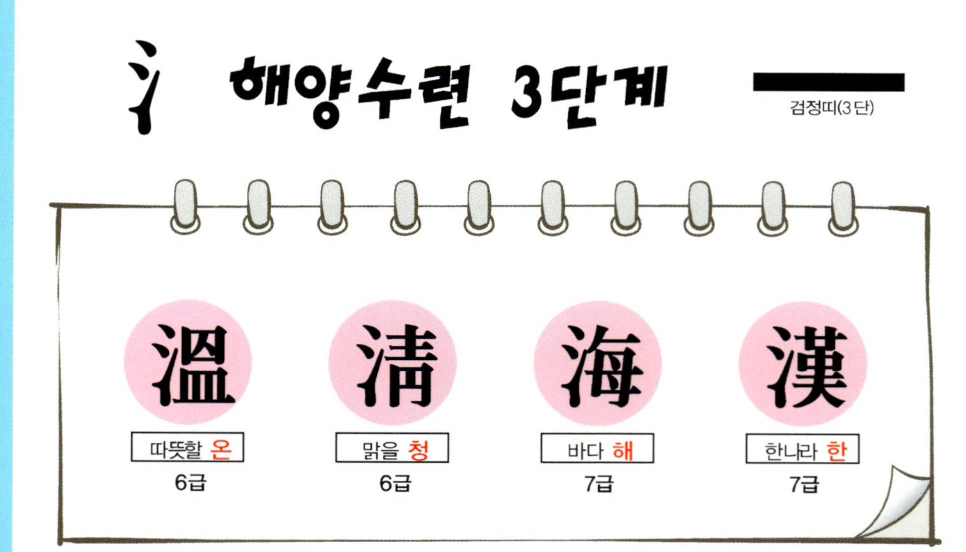

氵 해양수련 3단계
검정띠(3단)
溫 따뜻할 온 6급
淸 맑을 청 6급
海 바다 해 7급
漢 한나라 한 7급

辶 전력길주

검정띠(3단)

‘辶 달릴 착’

‘辶 은 달릴 착’ 자로서 꾸불꾸불한 길을 빠르게 뛰어가는 것으로 쓰이는 글자이다.

태권도 수련생들은 늘 최선을 다해 빠르게 행동해야 한다.

점프 양발 앞차기

검정띠(4단)

고진감래
苦盡甘來

고생끝에 즐거움이 온다는 말

포기하지 않고 열심히 운동해 품띠를 받았으니 정말로 고진감래구나.

공중 돌려차기 연속 3단계

검정띠(5단)

기고만장
氣高萬丈

일이 뜻대로 잘되어 기세가 대단하게 보임.

너 검은띠를 메더니 기고만장해졌구나.

사람 밟고 높이 뛰어앞차기

검정띠(6단)

과유불급
過猶不及

지나침은 미치지 못함과 같다는 뜻

적당한 운동은 건강에 도움을 주지만 지나침은 과유불급이니 항상 염두해 두어야 한다.

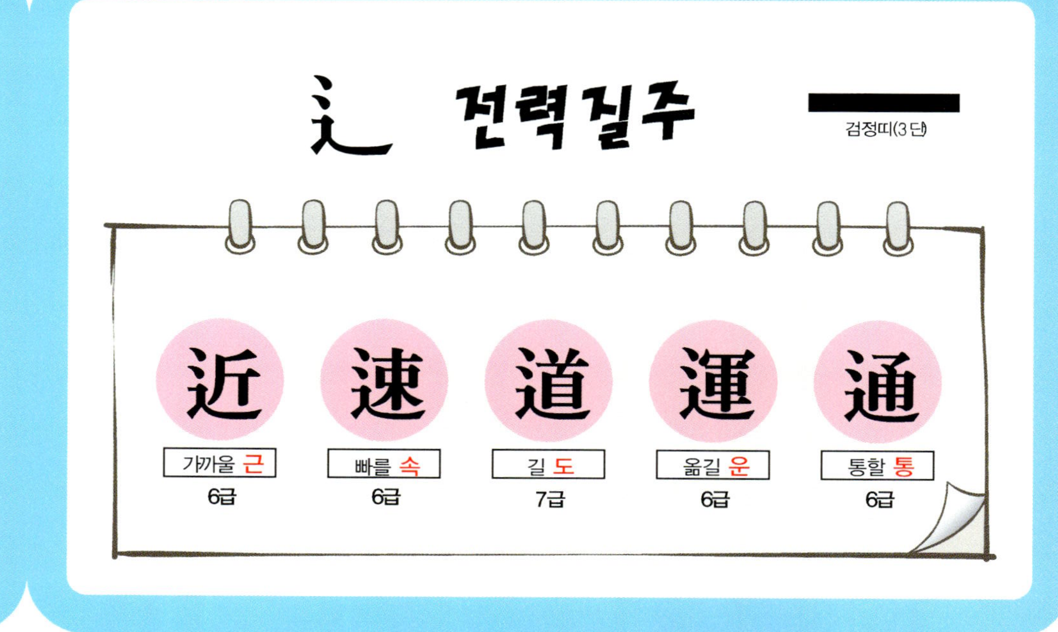
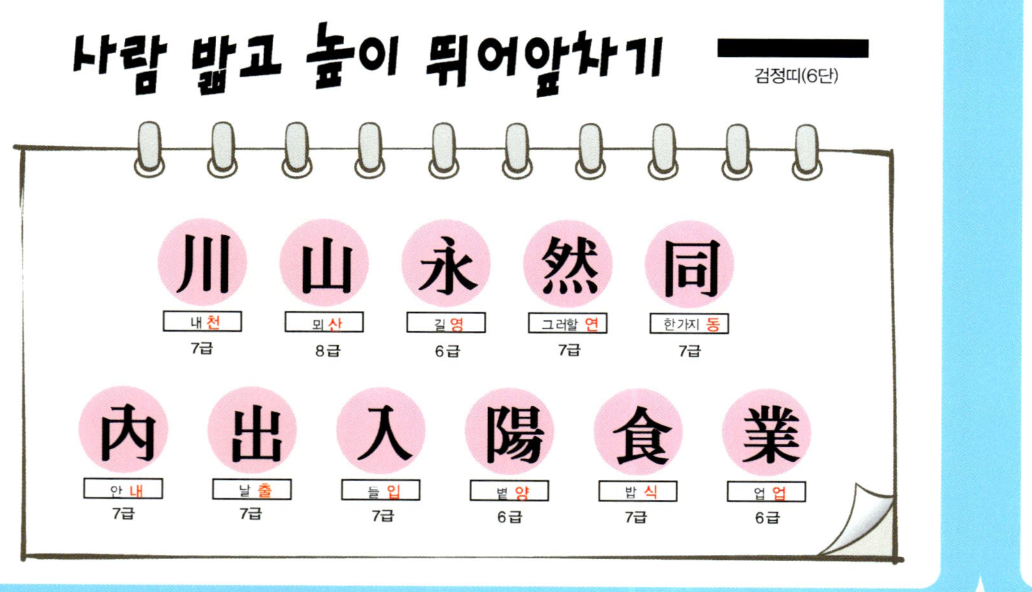
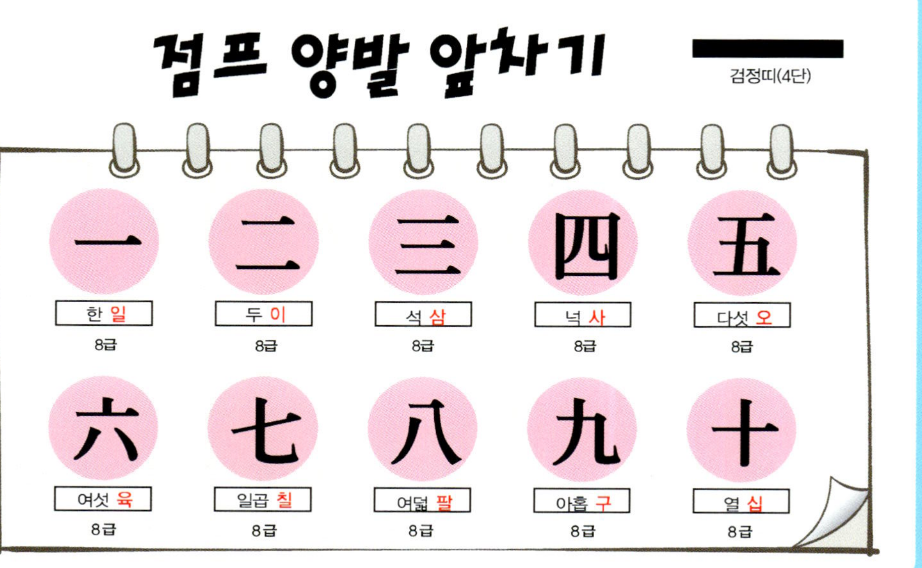

점프 양발 앞차기
검정띠(4단)
一 한 일 8급
二 두 이 8급
三 석 삼 8급
四 넉 사 8급
五 다섯 오 8급
六 여섯 육 8급
七 일곱 칠 8급
八 여덟 팔 8급
九 아홉 구 8급
十 열 십 8급

辶 전력질주
검정띠(3단)
近 가까울 근 6급
速 빠를 속 6급
道 길 도 7급
運 옮길 운 6급
通 통할 통 6급

사람 밟고 높이 뛰어앞차기
검정띠(6단)
川 내 천 7급
山 뫼 산 8급
永 길 영 6급
然 그러할 연 7급
同 한가지 동 7급
內 안 내 7급
出 날 출 7급
入 들 입 7급
陽 볕 양 6급
食 밥 식 7급
業 업 업 6급

공중 돌려차기 연속 3단계
검정띠(5단)
東 동녘 동 8급
西 서녘 서 8급
南 남녘 남 8급
北 북녘 북 8급
春 봄 춘 7급
夏 여름 하 7급
秋 가을 추 7급
冬 겨울 동 7급

장애물 넘어 이단옆차기

검정띠(7단)

막상막하
莫上莫下

차이가 없어 서로가 너무 비슷비슷 하다는 뜻

활용

품새실력이 너무 막상막하해 관장님이 고민하고 계셨다.

등 밟고 뒤로 한발앞차기

검정띠(8단)

일취월장
日就月將

날로 발전하고 있다는 뜻

활용

태권도 실력이 하루가 다르게 일취월장하고 있구나.

어깨 밟고 뒤로 양발앞차기

검정띠(9단)

천차만별
千差萬別

여러 가지 물건들은 다 차이가 나고 구별이 있다는 뜻

활용

태권도장 안에서의 게임종목은 천차만별이므로 수련생들의 의견을 수렴해야 한다.

승리자

검정띠(10단)

초지일관
初志一貫

처음에 세운 뜻을 이루려고 끝까지 밀고 나간다는 뜻

활용

너의 목표가 검은띠 획득이라면 초지일관 정신을 잊어서는 안 된다.

등 밟고 뒤로 한발앞차기	검정띠(8단)
光 빛 광 6급	先 먼저 선 8급	郡 고을 군 6급	病 병 병 6급	身 몸 신 6급	面 낯 면 7급
農 농사 농 7급	民 백성 민 8급	軍 군사 군 8급	銀 은 은 6급	色 빛 색 7급	韓 나라 한 8급	表 겉 표 6급

장애물 넘어 이단옆차기	검정띠(7단)
戰 싸움 전 6급	世 세상 세 7급	號 이름 호 6급	黃 누를 황 6급
父 아비 부 8급	母 어미 모 8급	正 바를 정 7급	醫 의원 의 6급

승리자	검정띠(10단)
靑 푸를 청 8급	風 바람 풍 6급	堂 집 당 6급
數 셀 수 7급	弟 아우 제 8급	晝 낮 주 6급	書 글 서 6급

어깨 밟고 뒤로 양발앞차기	검정띠(9단)
形 모양 형 6급	手 손 수 7급	發 쏠 발 6급	成 이룰 성 6급	强 강할 강 6급	弱 약할 약 6급
重 무거울 중 7급	題 제목 제 6급	車 수레 차 7급	路 길 로 6급	親 친할 친 6급	對 대답할 대 6급

저자소개

창의적 발상으로 여러 주제들을 한 데 모아 치밀한 분석력으로 쉽고 재미있게 풀어내는 최원교. 1976년 수원에서 태어난 저자는 어린이들에게 도움을 줄 수 있는 학습도서 집필 중에 있다.

현재 (주)태권도한자전문기업 대표이며 태권도장 운영 및 성신여대에 출강하고 있다.

태권한자 연혁

2001년 대학생 창업경진대회 우수상

2003년 태권한자 발명특허 획득

2007년 태권한자 연구논문 발표(성균관대)

2008년 태권한자 주간신문 소개

2009년 태권한자 (중소기업청, 중앙대)주관 '사업계획서 발표대회' 최우수상

2009년 태권한자 학술지 논문 게재(한국체육과학회)

2009년 태권한자 제13회 신지식인 선정(교육분야)

2009년 태권한자 대한민국 문화컨텐츠 출품작

2009년 태권한자 일간신문 소개

2009년 태권한자 'MBC 파워1인기업 뜬다' 소개

최원교 사부와 함께하는
태권스피드한자(8~6급)

초판인쇄 | 2009년 9월 30일
초판발행 | 2009년 9월 30일

지은이 | 최원교
펴낸이 | 채종준
펴낸곳 | 한국학술정보(주)
주 소 | 경기도 파주시 교하읍 문발리 파주출판문화정보산업단지 513-5
전 화 | 031)908-3181(대표)
팩 스 | 031)908-3189
홈페이지 | http://www.kstudy.com
E -mail | 출판사업부 publish@kstudy.com
등 록 | 제일산-115호(2000. 6. 19)

ISBN | 978-89-268-0439-1 14370(Paper Book)
       978-89-268-0440-7 18370(e-Book)
       978-89-268-0437-7 14370(SET Paper Book)
       978-89-268-0438-4 18370(SET e-Book)

 는 한국학술정보(주)의 지식실용서 브랜드입니다.